영의 눈이
열리다
SPIRITUAL
EYE

영의 눈이 열리다

초판 발행	2012년 6월 5일
3쇄 발행	2014년 12월 2일
지은이	한양훈
발행인	한뿌리
펴낸곳	실로암 세계선교회(SWMO)
출판사	有하
등록	2014년 4월 24일 제 387-3190000251002000000035호
저자 연락처	010-3394-5257, 010-8357-5257
	이메일 hyh530205@naver.com

값 11,000원
ISBN 978-89-967450-3-7

＊이 책의 저작권은 저자에게 있습니다.

영의 눈이 열리다
SPIRITUAL EYES

한양훈 지음

有하

이 책을 영의 눈이 열린 분들과 영의 눈이
열리길 원하는 모든 분에게 바칩니다.

머리말

지난 8년 동안 영적인 사역에 힘쓰면서 깨달은 것은 우리 주변에는 진정 하나님을 깊이 알고 싶어 하는 사람들과 실제로 사탄과 영적 전쟁을 벌이고 있는 사람들, 또한 치유 사역에 관심이 있는 사람들이 많다는 사실이다. 나는 영적 사역자로서 그들과 만나 교제하고 영적인 문제들을 함께 해결해나가면서 큰 보람을 느꼈다.

그동안 영적으로 척박한 환경 속에서 주변의 시선을 의식하거나 두려워하지 않고 달려올 수 있도록 도와주신 주님께 감사드린다.

사역으로 바쁜 날들을 보냈지만 지난 한 해 동안 「내 양을 치유하라」, 「예수 그리스도와 사역들」, 「성경적 영성」을 발간하였다. 올해에는 「내 양을 치유하라」를 새로운 편집으로 재판을 하였고, 이번에 네 번째 책 「영의 눈이 열리다」를 내놓게 되었다. 이 책을 출간하는 목적은 내가 어떻게 영안이 열렸는지를 궁금해 하는 독자들의 요구에 조금이나마 부응하려는 것과 어려서부터 지금까지 내가 영적으로 어떤 길을 걸어왔는지 나누고 싶은 마음에서이다.

이 책이 영적인 은혜를 사모하는 독자들에게 조금이라도 주님을 섬기고 바른 사역자가 되는 데 도움이 되기를 소원한다. 이 책을 발간하는 데 도움을 준 비서 이소진 자매에게 감사한다.

2012. 5. 7.
실로암에서 한양훈 목사

영의 눈이 열리다
SPIRITUAL EYES

차례

1부 영적인 환경 속에서

1장 세상에 이름을 올리다 · · · 13
2장 아버지와 여동생이 병에 걸리다 · · · 17
3장 신앙생활에 힘쓰다 · · · 21
4장 환자들이 집에 오다 · · · 27
5장 영적 회오리바람 속에서 · · · 29
6장 아버지가 교회를 세우시다 · · · 37
7장 사역자로 준비하다 · · · 39

2부 영적인 세계를 알아가다

8장 은혜 속으로 · · · 53
9장 회개와 거룩을 외치다 · · · 63
10장 귀신을 만나다 · · · 67
11장 목회를 하다 · · · 73
12장 기도원에서 일하다 · · · 85
13장 영적 과도기 · · · 91

3부 영적인 세계로 들어가다

14장 영적 순례 · · · 103
15장 영안이 열리다 · · · 115
16장 부모님이 받은 은사였다 · · · 135
17장 사역을 시작하다 · · · 141
18장 실로암 선교회를 세우다 · · · 155
19장 이별 · · · 157

4부 영성의 깊이를 더하다

20장 영적 탐구 · · · 167
21장 영성과 은사에 대하여 · · · 179
22장 다시 깊은 회개를 하다 · · · 185

5부 사역이 확장되다

23장 영적 답사를 시작하다 · · · 207
24장 라이브 성경 연구를 시작하다 · · · 211
25장 많은 영적 진단 방법을 개발하다 · · · 215
26장 영성가를 만나다 · · · 219
27장 책을 쓰다 · · · 221
28장 실로암 하우스를 설립하다 · · · 225

영의 눈이 열리다
SPIRITUAL EYES

1부
영적인 환경 속에서

1장 세상에 이름을 올리다

움막에서 태어나다

한국 전쟁은 대한민국에 살았던 수많은 가정에 숱한 상처를 남겼고, 우리 집도 예외가 아니었다. 나의 부모님은 전쟁이 나기 전, 남과 북을 나눈 38선 바로 이남인 경기도 청단에 거주하셨었다. 이곳은 우리 부모님에게 전혀 연고가 없었다. 원래는 북한의 해주 근처인 연백에 사셨었는데 북한 정권의 통치에서 벗어나기 위해 남쪽으로 내려와 임시로 머무신 곳이었다. 그리고 얼마 후 북한의 남침으로 어머니는 청단에 그대로 계실 수밖에 없었고, 아버지는 북한군에게 체포되어 죽음의 문턱까지 가셨지만 구사일생으로 살아남아 서울을 경유하여 부산으로 가서 2년 정도를 머무셨다.

어느 정도 안정을 찾은 아버지는 어머니를 만나러 가려 하셨지만 당시 청단 지역은 북한의 수중에 있었기 때문에 재회하실 수 없었다. 아버지는 부산과 인천에서 일하면서 어느 정도 돈을 모으신 후 그때까지는 남한이 차지하고 있던 서해안의 38선 근처인 용미도로 가셨다. 어머니를 모셔오기 위해서 북한과 가장 가까운 곳을 선택하신 것이다. 남과 북이 대치 상태에 이른 1952년 봄이 시작되기 전 어느 날 아버지는 잘 아는 사람을 청단에 보내 어머니를 용미도로 모시고 나왔다. 두 분 사이의 물리적 거리는 100킬로미터 이상이었다. 이렇게 아버지와 어머니는 2년여 만에 극적인 재회를 하실 수 있었다. 아버지가 적지에서 어머니를 데리고 나온 일은 많은 친구들의 부러움을 샀는데, 북한 지역에 아내를 두고 나온 분 가운데 아버지처럼 본처와 재회한 경우는 거의 없었기 때문이다. 그때 형은 세 살이었고 나는 어머니 뱃속에 있었다.

몇 개월이 지난 후, 용미도를 북한에게 빼앗기는 상황이 벌어지기 전 우리 식구는 밤중에 배를 타고 남쪽으로 내려왔다. 대부분 인천항에 도착했는데 우리가 탄 배는 강화도 내가면 외포리에 도착하였다. 나는 아버지와 어머니에게 전혀 연고가 없는 용미도에서 수태가 되었고, 다시 그곳을 떠나 아무 연관이 없는 낯선 곳에서 태어나게 되었다. 아버지는 조그마한 산을 넘어 고촌 저수지 근처로 우리를 데려가셨다.

아버지는 저수지가 형성되기 전의 빈 땅에 움막을 치셨다. 동네 사람들의 배려로 귀한 나무들과 여러 재료를 구할 수 있었다. 그리고 지푸라기를 깔고 어머니가 아이를 낳으셨는데, 나는 그렇게 우리 집의 둘째 아들로 태어났다. 아직은 찬바람이 불던 3월 초 한국전쟁의 와중에 아무 연고도 없는 객지에서 나는 그렇게 태어났다. 어머니는 나를 키우시면서 그때를 생각하시고는 늘 가여워하셨다.

상암동 외가댁에서 나오다

일 년을 그곳에서 보낸 우리 가족은 어머니의 작은아버지 댁이 있는 서울의 상암동으로 갔다. 작은집 가까운 곳에는 어머니의 고모도 살고 계셨다. 외할아버지는 연안 근처에 사셨지만 아들인 외삼촌은 서울에서 공부를 시키셨고, 서울의 여러 곳에 땅을 가지고 계셨다.

어머니는 연안 이씨 본가 집안에서 태어나고 자라셨지만 정서적으로는 상당 부분 서울 사람이셨고, 어머니의 친척은 모두 서울 사람이었다. 자연스럽게 어머니의 작은아버지 댁에 우리 가족은 얹혀살게 되었는데, 우리가 그곳에 본적을 정하지 못하고 몇 개월도 살지 못한 채 떠나게 된 것은 전적으로 나 때문이라고 하셨다.

그 집에 사는 동안 나는 정말 많이 울었다고 한다. 어린아이가 한시도 쉬지 않고 우는데다 밤에도 자지 않고 우는 통에 당시 이십대 초반이셨던 어머니는 나를 업고 주무셨다고 한다. 작은외할머니는 우리 식구가 이 집에서 함께 못 살 것 같으니 다른 곳으로 옮길 것을 권유하셨다고 한다.

내가 그렇게 운 이유는 몇 가지가 있다고 생각한다. 나는 전쟁 중에 어머니의 태에 들어섰고 태어났다. 부모님도, 뱃속에 있던 나도 상당히 불안했을 것이다. 나는 어머니의 태중에서 전선에 있었기 때문에 군인들의 고함소리와 총소리, 대포소리를 들었을 것이다. 태아 때 싸우는 소리를 듣고 자랐던 것이다. 나의 영을 진단했을 때 우울의 영이 많이 있었는데, 이것은 아버지와 어머니가 2년이나 생사의 확인도 못하신 채 헤어져 계시면서 외로워하고 슬퍼하셨기에 그때 태중에 들어서고 태어난 내게 큰 영향이 미쳤을 것이다. 우울한 나는 조그만 일에도 심기가 불편하여 울어댔던 것이 분명하다.

또 하나는 내가 살고 있는 외가댁의 영적 환경이 좋지 않아서였을 것으로 추측된다. 작은외할아버지는 우리가 이사 가기 전 병으로 일찍 세상을 떠나셨다. 그리고 어머니의 친사촌 동생인 아들도 폭탄을 주워서 놀다가 폭발하는 바람에 젊은 학생 때 죽었다. 그 집은 지금 생각하면 살인의 영과 슬픔의 영, 그 외의 좋지 않은 영들이 많이 있었을 것으로 생각된다. 정말 가슴 아픈 이야기지만 내가 삼촌이라고 부른 또 한 명의 아들은 교통부에서 중직을 맡고 있었는데, 40세에 병으로 돌아가셨다. 그분은 나를 예뻐해주셨고 학비를 대주신 적도 있었는데, 젊은 나이에 허망하게 세상을 뜨신 것이다. 작은외가댁은 넉넉하고 부유한 집이었지만, 영적으로는 해결해야 할 문제가 많았다.

본적을 정하고 출생 신고를 하다

우리 가족은 작은외가댁을 떠나, 근처에 있던 어머니의 친고모댁으로 갔다. 후에 보니 그곳도 영적 환경이 썩 좋지 않았다. 결국 우리 가족은 그곳에 몇 달 머물지 못했다. 아브라함이 본토 친척을 떠나듯 우리도 본토 친척을 떠났다. 아무데도 정착할 곳이 없었다. 우리 네 식구는 아버지 친구들이 많이 살고 계시던 서울의 이대 앞 대현동으로 이사를 갔다. 아버지는 그곳에 조그맣게 집 한 칸을 지으셨다. 그곳으로 본적을 정하고 그동안 미뤄왔던 나의 출생 신고를 하셨다. 나는 드디어 법적으로 대한민국의 국민이 되었다.

나는 서너 살 때 대현동 신현 교회에 다녔고, 형은 근처 초등학교에 입학하였다. 우리 형제는 가까운 곳에 있던 이화여자대학교에 자주 놀러 다녔다. 그러다 아버지의 직장 때문에 다시 신설동으로 이사하여 창신교회를 다니다가 곧이어 답십리로 이사하였다. 이사의 이유는 또다시 나때문이었는데, 나는 나와 동갑이었던 주인집 아들과 자주 싸웠던 데다 내가 그 아이를 이겼던 것이다. 그러자 어른들도 사이가 나빠졌고 아버지는 이사를 결심하셨다.

이사한 동네는 서민들이 살기에 비교적 괜찮은 집들을 많이 지어놓았는데, 우리는 새로 지은 집을 사서 들어가게 되었다. 서울에서 처음으로 새로 지은 우리 집을 갖게 된 것이다. 거기에서 나는 초등학교에 들어갔다.

2장 아버지와 여동생이 병에 걸리다

 답십리로 이사온 후 아버지는 여러 가지 일을 하셨는데, 어느 날 신경통이 생기고 폐가 나빠지셨다. 40세도 되지 않으신 아버지가 병으로 고생하시는 것을 보면서 나는 어린아이였음에도 걱정을 많이 했고 침울해했다.

 그보다 더 큰 문제가 생겼는데 나와 두 살 차이로 당시 네 살밖에 안 된 여동생이 법정 전염병인 디프테리아에 걸린 것이었다. 집에는 비상이 걸렸다.

 아버지는 서울의 소화병원에 동생을 입원시키셨다. 그러나 동생은 상태가 오히려 더 나빠졌다. 같이 입원했던 몇몇 아이들은 죽음을 맞았다. 동생이 잘못될지도 모르는 최악의 상황이었다. 당시 의사가 지나가는 말로 돈만 있으면 미국에서 치료약을 직수입할 수 있다고 말하는 것을 들으신 아버지는 급하게 집을 팔아 치료비를 마련하셨고, 그렇게 동생의 생명을 살릴 수 있었다. 전쟁이 끝나고 얼마 되지 않은 1950년대 말에 우리나라에 무슨 좋은 약이 있었겠는가. 딸을 살리기 위해 집을 팔아 돈을 마련하신 아버지의 사랑이 아니었다면 동생은 아마 회복하지 못했을 것이다.

그 집에 사는 동안 우리 가족은 아버지와 여동생의 병으로 시달리고, 경제적으로도 어려움을 겪었다. 한번은 아버지가 마당에 우물을 파신다고 큰 노력을 하고 돈을 들였으나 물이 나오지 않아서 큰 손해를 보았다. 그 외의 크고 작은 여러 문제로 어려움을 많이 겪었다. 하나님을 믿는 집이(물론 열심히 믿지는 않았지만) 왜 이런 고통을 당하는 것인지 나는 두고두고 의문을 품었다. 내가 영안이 열리고 나서야 그 의문은 어느 정도 풀렸다.

영안이 열린 후 나는 영적 답사 연구를 위해 초등학교를 들어갈 무렵 살았던 바로 그 집을 50년 만에 찾아가 보았다. 세월이 지났음에도 그 집은 여전히 그대로 있었다. 그런데 세상에! 그 집은 성황당 담벼락과 붙어 있었다. 어려서는 '왜 우리는 옆집이 없을까?' 하는 의문을 가졌었는데, 우리 옆집이 바로 성황당이었던 것이다. 영안이 열린 후 제자들과 함께 영적 답사를 가 성황당의 세력들을 보면서 그 엄청난 크기에 놀라지 않을 수 없었다. 그렇게 큰 악한 영들이 성황당에 있으면서 여기저기 뻗어 내려갔고 자연스럽게 우리 집을 덮고 영향을 주고 있었으니, 어느 누구라도 그 집에서는 평탄한 삶을 살기 힘들 수밖에 없었던 것이다.

「한국인의 굿과 무당」이라는 황루시가 쓴 책에 의하면, 이 성황당은 서울의 삼대 성황당 가운데 하나였다. 그만큼 영력이 강하다는 뜻이다. 아닌 게 아니라 나는 그 지역에서 8년을 살았는데, 매해 동네 사람들이 돈을 모아 대동굿을 하며 제사를 지냈다. 우리는 교회에 다녔기 때문에 굿을 위해 돈을 내지 않았고, 그래서 굿이 끝난 다음 참여한 사람들에게 나누어주던 떡도 받지 못했다. 우리 가족은 그 동네에서 떡을 얻어먹지 못한 몇 가정 가운데 하나였다.

  우리 아버지는 예수님을 믿었고, 예수님을 믿으면 아무 걱정이 없을 거라고 생각하셨겠지만, 성황당 옆에 살았기에 이렇게 엄청난 영적인 공격을 받을 수밖에 없었다. 이런 곳에서 나는 겁도 없이 초등학교 시절 성황당 나무에 올라가 놀았다. 성황당 문은 가끔 닫혀 있었는데 그래도 친구 몇 명과 어떻게 해서든지 거기에 들어가서 놀았으니 영적 공격을 많이 받을 수밖에 없었다.

3장 신앙생활에 힘쓰다

답십리 감리교회에 나가다

나는 초등학교 시절 답십리 감리교회를 다녔다. 아버지는 젊은 시절 감리교회에서 세례를 받으셨다. 우리가 그 교회에 나가게 된 것은 우리 집에서 100미터 정도밖에 떨어지지 않은 가장 가까운 교회였기 때문이다. 교회가 점점 성장하면서 동네 위쪽에 새로 건물을 지었다. 나는 그때 주일 예배는 나갔지만 열심은 별로 없었다. 그 동네에는 안식교도 있었는데 사탕이나 과자를 준다는 소문이 나면 그곳에도 몇 번 가보았다.

4학년 때로 기억되는데 아침마다 주일이면 나를 부르러 오는 친구가 있었다. 그 친구는 우리 교회 박 장로님 아들로 우리 집에서 50미터밖에 떨어지지 않은 곳에 살았고, 나와 같은 학교 같은 학년이었다. 장로님 아들인 그 친구는 공부를 잘했으며 성경학교에서도 전체 1등을 하였다. 그 친구는 나중에 서울대학교를 졸업하고 방송국에서 일했는데, 독도와 관련된 노래 가사를 지어서 유명인사가 되었다.

당시 우리나라에는 여러 곳에 교회가 세워지고 성도들의 숫자도 늘어났지만 여전히 유교적 영향 아래에 있어서 제사를 지내지 않는 집이 없을 정도였다. 학교에서 종교 현황을 파악하면 한 반 80~90명 가운데 불교라고 손을 든 아이는 30~40명, 기독교라고 손을 든 아이는 5명 정도였다. 그러므로 기독교를 믿는다고 손을 들어 표하는 것이 상당히 힘들었던 분위기였다.

교회를 옮기다

우리 가족은 새로 지어서 이전한 답십리 감리교회에 나가고 있었는데, 그 옛 교회 건물에는 다른 교회가 들어왔다. 새로 이전해온 교회는 장로교회이며, 담임하시는 전도사님이 젊고 유능하셔서 많은 사람들이 따른다고 형이 전해주었다.

아버지는 무슨 이유인지는 몰라도 그 교회에 출석하셨다. 그리고 집사의 직분을 받고 일하셨는데 교회에 어려운 일이 있을 때에는 앞장서서 일하셨다. 신앙생활에 열정이 일어나신 것 같았다. 우리 집에는 학생과 청년이 대부분이었던 교회 식구들의 발길이 끊이지 않았다. 담임하시던 전도사님이 우리 집에서 몇 달 동안 숙식을 하기도 하셨는데 어머니는 최선을 다하여 그분을 섬기셨다. 그분은 나중에 예성교단의 총회장을 지내셨던 김무석 목사님이시다.

교회는 여러 일을 겪으면서 전도사님과 함께 성도들이 새로운 교회로 옮기게 되었는데 그 교회가 바로 답십리 성결교회다. 나는 불과 몇 년 안에 감리교, 장로교, 성결교를 다 거치게 되었다. 내가 장로교 신학교를 나왔지만 교단주의를 배격하고 교회는 하나라는 생각으로 연합운동에 관심을 갖고 협력한 것은 아마 이런 영적인 배경이 있기 때문일지도 모른다.

나는 특별하다고 생각하다

초등학교를 졸업하고 중학교를 다닐 무렵 우리 가족은 정말 열심히 하나님을 섬기고 교회에 충성을 다했다. 1960년대 초반과 중반은 한국 교회에 부흥의 불길이 일어나던 시절이었는데 하나님은 우리 가족의 마음도 불태우셨다. 아버지, 어머니뿐만 아니라 형도 한때는 교회에서 살다시피 하였다. 우리 가족의 신앙생활은 목회자 가족은 아니었지만 목회자와 같은 마음으로 교회를 사랑했고 충성하려고 애썼다.

중학교에 들어갈 무렵 나는 큰 은혜를 받았다. 나는 무언가 하나님 앞에서 특별한 사람이라는 생각이 자주 들었고, 다른 사람들과 똑같이 살고 싶지 않았다. 매 주일 교회에 열심히 나가는 것뿐 아니라 생활에서도 경건하게 살고자 힘썼다.

당시에는 청소년 사이에서 개다리춤과 다른 여러 춤들이 유행했는데, 동네 친구들은 담배도 가끔 피고 술도 조금씩 마시면서 춤을 많이 추었다. 나는 그런 모습들을 보면서 철없는 행동이라고 생각하였다. 그래서 한 번도 친구들과 어울려서 춤추며 놀지 않았다. 술, 담배는 물론이고 만화책도 끊었다. 영화도 학교에서 단체로 간 것을 제외하고는 친구들끼리 몰려간 적은 몇 번 없었다.

난 좋아하던 야구와 축구도 절제하려고 노력했고 탁구도 잘 치지 않았다. 내게 조금 지나친 면도 있었을 것이고, 그렇게까지 할 필요가 있었느냐고 누군가는 반문할지도 모르지만 나는 그 모든 일들이 왠지 세속적으로 보였고, 친구들과 똑같이 행동할 수는 없다고 생각했다. 그렇게 세상 즐거움을 절제하려고 힘썼다. 주일날은 교회에서 살다시피 했는데, 나는 그것이 정말 재미있었다.

나는 중·고등학교를 다닐 때 부모님으로부터 공부 열심히 하라는 말씀을 들어본 적이 없다. 밤늦게까지 시험공부를 하고 있으면 불 좀 끄라고 어머니가 성화를 하셨다. 오히려 교회에 열심히 나가고 하나님 말씀대로 살라는 말만 들었다. 부모님이 왜 그렇게 하셨는지, 그리고 그런 교육 방법이 옳은지 그른지는 지금도 분별하기 어렵지만, 어쨌든 나는 목사가 되었고 우리 6남매는 모두 신학공부를 하였고 대부분 목회자로 일하고 있다.

아버지가 기도에 힘쓰시다

당시 아버지는 답십리 신답역 근처에서 쌀장사를 하셨다. 도매와 소매를 병행하는 비교적 규모가 있는 가게였다. 아버지는 교회 집사님으로 열심히 충성하시더니 어느 날부터인가 산 기도를 자주 가셨다. 가게를 형에게 맡기신 채 자주 자리를 비우셨다. 사업을 하는 분으로서 쉽게 할 수 없는 행동이었다.

아버지는 고향에서 일곱 살에 처음 교회에 나가셨다고 한다. 아버지 말씀에 의하면 그 지역에서 최초로 교회에 나간 사람이었다고 하셨다. 아버지는 젊으셨을 때도 술과 담배를 삼가셨으며, 가정생활과 교회생활에 힘쓰셨다. 보통 동네 어른들과는 무언가 다르셨다.

나는 그때 중학교를 다니는 어린 나이여서인지 아버지의 마음을 잘 알 수 없었고, 왜 산 기도를 자주 가시는지도 알지 못했다.

한번은 충격적인 일이 있었다. 아버지가 자살을 시도하신 것이다. 아버지는 영력이 있다는 삼각산에 종종 가셔서 기도에 힘쓰셨는데 어느 날 높은 바위 위에서 나무를 붙잡고 기도하셨다. 1960년대에는 소나무를 잡고 기도하는 것이 유행이었고 그래야 큰 능력이 임한다고들 했다. 부흥 강사들은 소나무를 뽑을 만큼 기도에 힘써야 한다고 강조하였다.

아버지는 그런 영향을 받으셔서인지 험한 바위 위에서 아슬아슬하게 소나무를 붙잡고 기도하셨는데 자신의 소원을 들어주지 않으면 나무를 붙잡고 있는 손을 놓아버리겠다고 하나님께 말씀드렸다. 그렇게 말하시고는 아버지의 요구 조건을 놓고 기도하셨는데 하나님의 응답이 없자 예고하신 대로 붙잡고 있던 손을 놓아버리신 것이다. 당연히 아버지는 바위 아래로 떨어졌고, 아버지는 의식을 잃으셨다. 후에 등산객들에게 발견되어 당시 동부시립병원으로 실려 오셨다. 병원에서는 아버지가 돌아가셨다고 판정해서인지 치료도 하지 않고 시체실에 안치하였다. 다행히 아버지는 혼자서 의식을 차리시고는 치료도 받지 않으시고 사흘 만에 집으로 돌아오셨다. 후에 아버지는 그때 자신이 죽었다가 살아난 것이라고 늘 말씀하셨다.

학교에서 돌아온 나는 어머니가 마당에서 피로 흥건히 적셔진 아버지의 양복을 빨고 계신 것을 보았다. 당황해하는 내게 어머니는 그간의 일을 간단히 설명해주셨다. 방에 들어가 보니 아버지의 뒷머리는 깨져 있었고 여기저기 흙이 묻어 있었다. 아버지는 집에 오신 후 한 번도 병원에 가지 않으시고 머큐로크롬만 머리에 바르시고 버티셨다. 중학생이었던 어린 나는 아무 말도 하지 못했다.

세월이 많이 흐른 후 아버지의 이 일화는 많은 사람들에게 알려지게 되었다. "삼각산 능력봉에서 기도하다가 응답이 없자 나무를 붙잡고 있던 손을 놓아버려 떨어져 죽었는데 사흘 만에 살아난 사람이 있다"고. 그 주인공이 바로 내 아버지시다.

이후로도 아버지는 자주 산에 올라가 기도에 힘쓰셨다. 금식 기도뿐만 아니라, 한겨울 삼각산에 올라가 추위를 무릅쓰고 혼자 기도하기도 하셨다. 낮이 되면 옷도 빨아 너시고 목욕도 하셨다. 물론 그곳에는 추위를 막아줄 어떤 시설도 없었다. 그 결과 아버지는 큰 능력을 받으셨다.

우리는 쌀 가게의 문을 닫고 살던 집을 팔고 상계동으로 이사 갔다가 다시 평창동으로 왔는데 그 집은 삼각산 제일교회에 속한 집이었다. 아마도 삼각산에서 기도하시다가 삼각산 제일교회에서 일하기로 하신 모양이었다. 쌀장사를 하시던 아버지가 기도에 힘쓰신 지 불과 1년 만에 갑자기 능력자라고 소문이 나기 시작했다.

4장 환자들이 집에 오다

　아버지는 병에 걸린 사람들을 위해서 기도하시는 것을 좋아하셨고 열매도 있었다. 어느 날은 학교에 갔다 왔는데 내 방에 한 중년 여성이 앉아 있었다. 그녀는 귀신이 들렸다고 했는데 내 앞에서 횡설수설 하며 희한한 몸짓을 하였다. 어떤 때는 양손을 모으고 검지를 펴 뾰족하게 만든 다음 온 방 구석구석을 빙글빙글 돌았다. 그 여성은 아버지에게 치료를 받기 위해 왔던 것이다. 일주일 쯤 지나서 그 여성이 보이지 않았는데 병이 다 치료되어 집으로 돌아갔다고 하였다. 얼마 지나자 그녀에 대한 소식이 들려왔는데 귀신이 떠난 그녀도 귀신을 쫓아내는 능력을 받고 치유 사역을 한다는 것이었다.

　어느 날은 한 잘생긴 청년이 왔다. 그도 정신에 문제가 있었는데 아버지는 오랫동안 그를 위해 기도하셨다. 나는 그 젊은 사람과 한 방을 쓰면서 몇 달을 지냈다. 내가 알기로 그는 완쾌되지 않았다.

　아버지는 우리 가족과 있을 때 종종 치유 사역에 대한 상황을 들려주셨다. 어떤 때는 암 환자를 위해, 어떤 때는 당뇨병에 걸린 사람을 위해 기도하였더니 나았다고 하셨다. 나는 아버지를 생각할 때 아직까지도 치유 사역자라기보다는 쌀장사를 하시던 아버지로 더 많이 기억한다. 하지만 그 당시 아버지는 치유 사역자가 되어가시고 있는 중이었다. 사람들은 아버지를 대단한 분이라고 이야기하였다. 병에서 나은 분들은 아버지를 시내로 모시고 나가 양복이나 구두 등을 선물하였다. 경제적으로 어려웠던 그 시절 은혜를 받았거나 우리에 대해 아는 여러 성도들이 경제적인 도움을 주었다.

5장 영적인 회오리바람 속에서

독사에 물리다

아버지가 능력 있는 치유 사역자가 되시고 사역에 헌신하신 지 6개월 정도 지난 시점에 나는 중학교 3학년 10월을 맞았다. 어느 날 오후 나는 여동생과 평창동 뒷산으로 산초열매를 따러 갔다. 이 열매는 추어탕을 만들 때나 된장에 넣어서 먹으면 향이 좋았다. 나는 우리 집에서 10여 분 정도 올라가 여기저기에서 산초를 땄다. 그동안 서울의 주택가에서만 살았기 때문에 그런 열매를 따러 간 것은 처음이었다. 골짜기에서 산초를 발견하고 열매를 따고 있는데 갑자기 왼쪽 발등이 따끔했다. 수풀 속이기 때문에 가시에 찔렸나보다 했는데 찔린 곳이 너무 아팠다.

재빠르게 숲을 나와서 양말을 벗어보았더니 발등에 구멍이 두 개가 나 있었는데 순간 아무래도 뱀에 물린 것 같았다. 자세히 보니 피도 조금 나고 노란색 진물이 보였다. 뱀독이었다. 나는 순간적으로 독사에 물렸다는 생각이 들었다. 독사에 물리면 상처 윗부분을 끈으로 묶어야 한다는 말을 듣기는 했지만 마땅히 묶을 끈을 찾지 못했다. 나는 다리를 묶지 못한 채 정신없이 집으로 뛰어내려왔다. 집에 도착하자마자 뱀에 물린 왼쪽 발목을 끈으로 동여맸다.

불과 몇 십 분이 지나지 않았는데도 왼쪽 발은 퉁퉁 부어올랐고 정신은 혼미해졌다. 나는 바닥에 누운 채 온 몸이 쑤시고 괴로워서 몸부림을 쳤다. 잠시 후 돌아온 형이 내 모습을 보고는 동네 약국으로 뛰어갔다.

어머니는 내 옆에서 아무런 응급조치도 하지 못하시고 기도만 하셨다. 한 시간이 지나 형이 들어오더니 내 옆에서 우는 것이었다. 약국에 갔더니 약사가 해독제가 없다고 했다는 것이었다. 그래서 다시 근처 병원으로 뛰어갔더니 독사에 물린 것은 자신들도 치료하지 못한다고 했다는 것이었다. 형은 하다못해 머큐로크롬이나 소독약 하나도 갖지 못한 채 맨손으로 돌아왔던 것이다. 그러고는 동생이 죽을 것 같다고 펑펑 울었다. 나는 너무도 어처구니가 없는 두려운 상황을 맞이했다.

형은 아버지에게 득달같이 전화로 연락하였다. 그때 아버지는 상계동 어느 교회에서 집회를 인도하시던 중이었다. 내가 독사에 물려 다 죽어간다고 말씀드렸더니 아버지는 "내가 지금 간다고 죽을 애가 살아날 것도 아니니 집회 끝나고 가겠다"고 말씀하셨다고 하면서 어찌 할 바를 몰라 했다. 그 말을 전해들은 나도 기가 막히고 불안이 극에 달했다. 아버지의 행동을 이해하기 힘들었다. 아버지이기 때문에라도 속히 오셔야 하고 특히 능력을 받은 분이니 빨리 와서 나를 고치시는 것이 정상이라고 생각했다. 그러나 아버지는 그 다음 날 오셨다.

독사에 물린 그날 저녁 나는 견딜 수 없는 고통에 시달렸다. 어머니는 내가 독사에 물렸다고 교회에 알리셨다. 마침 그때 교회에서 집회가 있었는데 5백 명도 넘는 사람들이 독사에 물린 나를 위해 살려달라고 기도하였고, 나는 누워서 그 기도 소리를 들을 수 있었다. 그 기도 소리는 불안해하던 내게 큰 힘이 되었다. 의사의 치료나 처방 대신 성도들의 기도가 그것을 대신했다.

그날 밤은 내 일생 가장 괴로운 날로 기억된다. 온 몸이 쑤셔 단 10초도 제대로 누워 있을 수 없었다. 나는 밤새도록 몸을 뒤척이고 끙끙 앓으면서 울었다. 그 흔한 진통제나 영양제, 항생제 한 알 입에 넣지 못한 채 밤을 꼬박 지새웠다. 누구 하나 독을 빼주거나 처방을 내려주는 사람이 없었다.

어떤 사람은 "작년에도 그 자리에서 누가 독사에 물려 죽었다"는 등의 이야기를 하였고, 또 "오늘 밤만 넘기면 살 수 있다"고 말하는 소리도 들렸다. 많은 사람들이 내가 독사에 물려 죽어간다는 소리를 듣고 와서 한마디씩 했다. 불과 일 년 전에는 바로 이 삼각산에서 아버지가 기도하시다가 바위에서 떨어져 죽음 직전에 간신히 살아나셨는데, 일 년 만에 다시 아들인 내가 목숨이 위태로운 상황이 된 것이다. 이 산은 우리에게 엄청난 시련을 준 곳이 되었다.

나는 마음속으로 어떻게 하든 오늘 밤만 넘기자고 다짐했다. 그리고 주님께 기도드렸다. '저를 살려주시면 주님의 나라를 위해서 일하겠습니다.' 열다섯 살 소년이 그야말로 애절한 마음으로 주님께 기도하고 서약하는 순간이었다. 어쨌든 살고 봐야 했고, 하나님의 일을 한다면 하나님이 살려주실지 모른다는 생각에서였다. 그때까지는 누구나 그렇듯 단순한 생각으로 유명한 사람이 되고 싶었지만, 이제는 목표가 분명해졌다. 살아서 하나님의 일을 하자. 독사에 물려 죽음 앞에 몰린 열다섯 살 소년은 이렇게 하나님의 사람이 되었다.

밤새도록 울면서 소리를 지르고 끙끙 앓으며 몸을 뒤척이다보니 어느덧 아침이 되었다. 밖이 환해지는 것을 보면서 나는 힘이 생겼다. '나는 살았다!' 오늘 밤만 넘기면 살 수 있다는 누군가의 말 한 마디가 동이 트는 순간 내게 큰 힘이 되었다.

다음 날, 몇 시인지 모르지만 드디어 아버지가 오셨다. 내가 만일 지난밤에 죽었더라면 아버지는 아들의 장례를 치르러 오신 것이 될 뻔했는데, 하나님의 은혜로 살아 있는 아들을 보시게 되었다.

아버지는 동네에서 침을 놓는 어른을 모셔왔다. 그리고 그분은 내 왼쪽 발등을 수백 번 찌르시더니 피를 뽑아내셨다. 얼마나 침을 찔렀던지 침 자국 때문에 살이 헐어서 약을 발랐다. 그리고 콩잎이 좋다고 하기에 콩잎을 계속 붙였다. 병원 한번 가보지 못한 채 집에서 보름 동안 치료를 받았다. 고등학교 입학 시험을 앞둔 입시생이었던 나는 무려 보름 만에 학교에 나갈 수 있었다.

강원도에 교회를 세우려다 포기하다

나는 원하는 고등학교에 가지 못했기 때문에 재수를 했다. 도서관에 가기도 했지만 주로 집에서 공부를 했는데, 마음은 시험공부보다는 주님으로 날마다 뜨거웠다. 내가 살아 있는 것은 주의 종이 되겠다고 서약한 때문이라는 생각이 떠나지 않았다. 그러므로 하나님의 종이라는 말이 늘 머릿속에 자리를 잡게 되었다. 또한 영적인 환경으로 인해 내 마음은 불타올랐다.

우리 집은 평창동의 산기슭에 있었기 때문에 산으로 기도하러 오는 사람들이 주변에 많았는데, 특히 밤에는 기도하는 소리가 온 동네에 울려 퍼졌다. 밤에 밖에 나가보면 밤새도록 우리 집 근처에 있는 소나무를 붙들고 방언으로 간절히 기도하는 사람들을 쉽게 볼 수 있었다. 또한 아버지와 교제하면서 우리 집을 방문하시는 분들은 40일을 금식 기도하시는 분, 성경을 명철하게 해석하시는 분, 은사가 많으신 분 등 영적으로 예사 분들이 아니었다. 아버지도 그런 분들과 교제하시면서 더 깊이 주님께 발을 들여놓았다. 자연히 영적인 능력이 더 강해지고 말씀을 영적으로 깊이 이해하시게 되었다.

우리 가족은 경제적으로는 어려워졌지만 영적으로는 상상하지도 못할 정도로 성장하였고, 주님께 깊이 나아갔다. 또한 교회에서 수시로 유명 부흥사를 초청하여 집회를 열었기 때문에 우리나라에서 내로라하는 유명한 부흥사의 설교를 자주 들을 수 있었다. 집회에 자주 참석했던 나는 가슴이 점점 뜨거워졌다.

하나님께 주의 종이 되겠다고 약속도 한 마당이기에 열심히 성경을 보고 기도에 힘썼으며, 영적인 사람들과 영적인 이야기를 하는 것이 그렇게 재미가 있었다. 그때 우리 교회에 나오거나 나와 교제했던 분들이 후에 거의 대부분 훌륭한 목회자가 되었다.

나는 입시 준비를 하면서도 뜨거운 가슴을 억제하기가 힘들었다. 그러던 어느 날 하나님의 종으로서 이 시대에 복음을 증거하고 싶은 내 가슴에 불을 지른 부흥사를 만났다. 그분은 지금이 말세라고 하셨다. 주님이 오실 날이 얼마 남지 않았는데 세상에 관심을 갖고 살면 어떻게 하느냐고 하셨다. 이 세상에는 아직도 하나님을 모르는 사람이 많은데 말세가 가까웠다는 말에 나는 마음이 조급해졌다. 우리나라만 하더라도 기도 교인이 10퍼센트도 안 되는데 복음을 듣지 못한 사람들은 어떻게 된다는 말인가. 그들의 영혼이 너무도 측은하였다. 아직 교회도 목회자도 없는 곳이 많다는 생각에 나는 견딜 수가 없었다. 열여섯 살 소년이었던 나는 복음을 증거하기 위해서 아직 복음이 전파되지 않았고 교회가 세워지지 않은 시골로 들어가기로 결심하였다.

나의 뜨거운 열정에 감복한 우리 교회 고등부 학생 한 명과 나는 의기투합하여 함께 강원도 산골짜기로 가기로 하였다. 그는 학교에 자퇴서를 내겠다고 하였다. 그때가 8월의 뜨거운 여름이었는데 우리는 떠날 준비를 서슴없이 진행하였다. 나는 성경책을 여러 권 준비하고 수많은 책과 필요한 물품들을 준비하였다. 누가 뭐래도 나는 떠날 것이라고 스스로 다짐하였다. 아버지와 어머니 그리고 형이 "어린 네가 어디를 가느냐"며 간곡히 만류하였다. 그러나 나는 끝까지 고집을 꺾지 않았다. 떠나기로 정한 전날, 스무 살이었던 형님이 내 멱살을 잡고 나를 한 대 치셨다. 그러나 나는 주님을 위해서 떠나는 사람을 막지 말라고 하였다.

아버지는 마지막으로 "내 말을 한번 들어보라"고 하셨다. 삼각산 제일기도원 원장님을 마지막으로 만나고 오라고 하시는 것이었다. 아버지는 "만일 원장님이 네가 가는 것을 찬성하시면 네게 후원금을 주실 것이고 나도 허락하겠다"고 말씀하셨다. 나는 원장님을 존경했기 때문에 아버지의 권고대로 그분을 만났다. 그분은 나의 열정을 인정해주셨지만 지금은 너무 어리니 신학교를 졸업하고 간다면 도와주겠다고 말씀하셨다. 나는 그 말씀을 받아들기가 어려웠다. 고등학교, 대학교, 군대를 갔다 오면 서른 살이나 될 텐데 앞으로 15년을 기다려야 한다는 사실이 견딜 수 없었다. '그 안에 주님이 오시면 어쩌나' 나는 마음이 급했다. 그러나 나는 존경하는 분의 말씀에 설득당했다. 결국 집으로 돌아와 보따리를 풀었다.

회심을 체험하다

나는 교회법에 따라서 열여섯 살에 학습을 받고 열일곱 살에 세례를 받았다. 당시에는 학습이나 세례를 줄 때 문답을 심도 있게 했는데, 목사님들은 내게 아무것도 묻지 않고 학습과 세례를 주셨다. 나의 신앙적 열정이 교회 안에서도 알려져 있었기 때문에 문답이 필요 없다고 생각하셨던 것 같다. 시간이 지나도 내 열정은 식지 않고 점점 강해졌다. 나이도 어리지만 교회에서 일거리를 찾았고 무엇이든 맡겨지면 최선을 다하려 했다. 교회 선배들은 나를 우습게 보기도 했지만 내 가슴은 주님으로 불타올랐다.

열일곱 살이던 어느 날 집회에 참석했는데 목사님이 이사야 43장 1절을 설교하셨다. 나는 그때 깊은 은혜를 체험하였다. "내가 너를 구속하였고 내가 너를 지명하여 불렀나니 너는 내 것이라" 하는 말씀이 곧 내게 하시는 말씀이라는 확신이 들었다. 그 설교를 들을 때 가슴이 메어지는 것을 느꼈고 한참을 펑펑 울었다.

그것은 내게 하신 말씀이었고 나는 주님께 부름받은 것을 확신했다. 몇 년 전 나는 주의 일꾼이 되겠다고 다짐은 했었지만 그것은 내 뜻이었다. 그러나 이제는 주님이 내게 설교자를 통하여 말씀하신 것이기에 그 의미는 비교할 수 없이 컸다. 나는 더욱 마음이 굳어졌다. 이제부터 나는 부모님의 것이 아니고, 친구의 것도 아니며, 사회의 것도 아니고, 나의 것도 물론 아니었다. 주님의 것이었다. 이후로 누구도 나를 움직일 수 없었다. 오직 주님만이 나를 주장하실 수 있었다. 열일곱 살에 나는 완전히 하나님의 사람이 되었다.

그때부터 나는 성경을 더 열심히 읽었고 아버지를 졸라 신약 주석 한 질을 샀다. 주석을 구입하는 데 그 당시로서는 큰돈이 들었다. 성경을 보며 이해가 가지 않는 부분에 대해 주석을 통해 답을 얻었다. 나는 즐거운 마음으로 주석을 읽었다. 나는 성경이 너무 재미있어 신약성경을 옮겨 쓰기로 작정하고 열심히 필사하였다. 물론 다 마치지는 못했다. 교회에서 열리는 집회에 열심히 참석했을 뿐 아니라 다른 교회에서 하는 부흥회도 찾아다녔다. 내 마음은 이미 절반 정도 목사가 되어 있었다.

6장 아버지가 교회를 세우시다

 은혜가 충만하셨던 아버지가 1970년 서울 구이동에 처음 교회를 세우셨다. 대한예수교장로회 삼성교회라고 이름을 지으셨다. 같은 교회에 다니시던 집사님이 목장을 하셨는데 집을 여러 채 가지고 계셨다. 우리는 그 중에 한 집을 예배당으로 사용할 건물로 구입하였다. 그리고 우리 식구는 조그마한 사택으로 이사를 하였다. 그때 아버지는 전도사라 불리셨다.

 아버지는 일을 하시면서 목회를 하셨는데, 자신은 바울과 같이 자비량으로 목회를 하고 싶다고 여러 번 설교하셨다. 얼마 지나지 않아 우리 교회가 있는 지역에 장애인을 위한 시설이 들어서면서 보상을 받아 우리 교회는 성남으로 옮겼다. 우리 교회는 대지가 40평에 건평 30평의 건물을 지었는데 70년도에 그 정도 규모의 개척도 귀한 것이었다. 우리가 가지고 있던 돈과 여기저기에서 후원을 받아 교회 건축을 시작하였다. 당시 블럭으로 교회를 지었는데 공장에서 사오는 기성 제품은 재질이 약했기에 아버지는 다른 기술자를 불러 단단하게 벽돌을 만들어 예배당을 지으셨다. 나도 가끔 블럭에 물도 뿌리고 벽돌을 날랐다. 한창 공부할 나이였지만 아버지의 명령을 어길 수 없었다. 그렇게 교회는 예쁘게 지어졌다.

그런데 바로 앞집이 무당집이었다. 다른 쪽으로는 한 집 건너에 우리 집이 있었다. 일직선 위에 사택, 다른 집, 무당집, 교회 이렇게 늘어서 있었던 것이다. 무당집에서는 시시때때로 북과 꽹과리를 치며 굿을 했는데, 예배 시간에도 굿을 하는 때도 있었다. 우리는 그 무당집과 신경전을 벌이며 줄다리기를 하였다. 나는 길을 가다 무당이나 그 가족을 만나면 바로 옆집에 사는 사람들임에도 인사하지 않았다. 후에 그 무당의 딸은 신 내림 된 큰 무당이 되었다. 아버지는 무당을 우습게 보셨고, 날마다 기도로 영적 전쟁을 하시면서 열심히 목회를 하셨다. 아버지는 무슨 용기가 있으셨는지 몇 년 전부터는 무당이나 점쟁이에게 전도하고 오신 다음 우리를 모아놓고 전도하신 내용들을 말해주셨다.

7장 사역자로 준비하다

신학교에 들어가다

고등학교를 졸업하고 나는 신학교에 입학했다. 당시 아버지는 목회를 하시다가 잠시 쉬고 계셨는데, 특별히 다른 안정적인 일을 하시지 않았다. 때문에 내가 학교에 들어갈 만한 경제적인 형편이 되지 못했다. 지금까지 서울에서만 살다가 갑자기 성남으로 온 우리는 아는 사람도 없었고 모든 면에서 활동 범위가 그리 넓지 못했다. 나는 그곳에서 살면서 신학교에 들어가던 2~3년간이 심리적·경제적으로 내 인생에서 가장 힘든 때였다고 기억된다.

아버지는 내가 신학교에 들어가는 것을 적극 반대하셨다. 그 당시 대학 공부를 시킨다는 것도 쉬운 일은 아니었지만 어쨌든 목사가 되는 것을 바라지 않으셨던 것 같다. 아버지는 내가 안정된 직장에 들어가 편안하게 살면서 가족들을 돌보기 원하셨다. 그 당시 사회 분위기는 목사가 되는 것을 고생길로 생각하며 불쌍히 여겼다. 아닌 게 아니라 당시 내 주변에서 목사가 되려는 사람은 거의 없었다. 친구나 아는 사람들도 반대를 많이 했지만 성도들도 많이 반대했다. 인생의 목표를 목사로 정한 나는 한시라도 그 목표를 늦출 수 없었다. 나는 입학금을 마련하느라 아르바이트도 하면서 애를 썼다. 나는 아버지를 비롯하여 식구 누구의 격려나 협조도 받지 못한 상태에서 힘겹게 신학교에 들어갔다.

아버지는 몇 년이 지나도 마음이 변하지 않으셔서 내가 군대를 다녀와 복학하려고 할 때도 지금이라도 늦지 않았으니 신학교를 포기했으면 좋겠다고 말씀하셨다. 당시 아버지는 서울 봉천동에서 목회를 하셨는데 내가 신학교를 다니는 것과 장차 목회를 하는 것을 만류하셨다. 나는 인생의 목표가 목사였고 하나님의 사람으로 살고 싶었기 때문에 아버지의 말씀을 따르지 않았다.

처음 신학교에 들어가 성남에서 사당동 신학교까지 통학을 하는데 시간과 교통비가 만만치 않았다. 당시 버스가 성남에서 반포 근처를 지나갔는데 반포에서 내려 사당동 학교까지 버스비를 아끼려고 걸어다니는 일이 다반사였다. 그럼에도 나는 악착같이 학교를 다녔다. 집에서 아침 식사를 6시 전에 해야 8시 수업 시간을 맞출 수 있었는데 집에서 식사를 하고 나오면 시간을 제대로 맞출 수 없었다. 그런 날은 여지없이 지각을 할 수밖에 없었다. 첫 시간은 대개 영어나 독일어 시간이었는데 나는 교수님께 지각을 한다고 눈총을 받기도 하고, 또 제대로 배우지 못해 성적이 좋지 않았다.

신학교에 들어가서 물질적으로 어려움을 겪으면서 나는 상당히 위축되었다. 그때 하나님의 은혜로 거여동에 있는 어느 교회에 전도사로 부임하게 되었고, 또한 가정 교사를 맡게 되어 군대에 가기까지 한 여학생을 지도하였다. 그러나 그 일들은 내가 감당하기에 시간과 거리가 벅찼다. 성남에서 사당동까지 가서 수업을 받고, 수업이 끝나면 다시 학생이 있는 신설동까지 갔다. 그리고 한밤중이 되어서야 성남으로 돌아왔다. 그리고 주일과 수요일은 교회가 있는 거여동까지 다녀왔다. 보수는 상당히 좋았는데 70년대 초반에 나는 매달 3만 원씩 받았다. 당시 한 학기 대학 등록금이 4만 원이었음을 비교하면 상당히 많은 수입이었다. 생각해보면 명문대 출신들도 아르바이트 자리가 없어 전전긍긍했는데 신학생인 나에게 너무나 큰 은혜였다.

나는 학교 수업이 끝나면 친구들과 어울릴 시간이 많지 않았다. 그리고 수업 준비도 제대로 하지 못했다. 나는 교회 친구든 학교 친구든 교제할 시간이 거의 없었다. 나는 오직 신학교를 졸업하고 목사가 되어야 한다는 일념 하나로 모든 난관을 헤쳐 나갔다. 아무리 힘들어도 내 장래에 대해 포기한 적이 없었다. 그리고 하나님의 은혜로 물질적인 고난의 기간이 끝나고 하나님의 은혜의 자리로 들어가고 있었다.

하나님이 하시는 일은 신비했다. 아버지의 비협조와 물질적인 어려움을 견디며 신학교에 다니던 어느 날, 우리 가족이 평창동에 살 때 이웃에 사시던 어른을 만나게 되었다. 알고보니 그분은 신학교의 건축을 담당하셨다고 한다. 그분은 나를 알아보시고는 아버지의 안부를 물으시더니 한번 찾아오라고 하셨다. 그 후 아버지가 학장이신 김희보 목사님과 가까이 지내게 되셨고 학교 직원으로 섬기게 되셨다. 그래서 우리 가족은 다시 서울로 이사를 오게 되었고, 아버지는 학교를 퇴직하신 후에 계속 목회를 하게 되셨다. 하나님은 그렇게 나의 신학교 입학을 축복하셨다.

군대에 가다

나는 스물두 살에 입대했다. 내가 군에서 복무한 34개월은 지금 돌이켜보면 하나님이 준비하신 훈련 기간이었다는 것을 깨닫고 감사한다. 그 이유는 군대에 있는 동안 철저하게 군인의 자세와 적과 싸우고 이기는 법을 배웠기 때문이다.

　나는 지금 영적 전쟁터에서 싸우고 있는 장수이다. 영적이든 세상적이든 전쟁의 원리는 하나다. 싸우는 목적도 동일하게 나라와 백성을 지키는 것이다. 그리고 전쟁에서는 승리해야 한다. 전쟁에서의 패배란 돌이킬 수 없는 불행과 죽음이다. 군사의 유일한 목표는 승리뿐이다. 하나님은 군 생활에서 내가 평안히 있도록 그냥 두시지 않았다. 나는 원래 가까운 신학교 친구와 공군에 입대하려고 같이 지원을 했다. 그런데 지원자가 많아서인지 나는 주일날 시험 날짜가 배정되었다. 아무리 생각해봐도 신학생이 주일 예배를 빠져가면서 시험을 볼 수 없어 포기하였다. 친한 동료는 그대로 공군에 입대하여 만족한 군인 생활을 했다.

　육군에 입대하여 논산에서 훈련을 받던 중 글씨를 잘 쓴다고 교안을 쓰라는 지시를 받았다. 여러 번 훈련에 빠질 수밖에 없었다. 중대장님은 훈련이 끝나면 이곳에서 근무를 하게 하겠다고 말씀하셨다. 나는 기뻤고 많은 동료들도 부러워하였다. 그러나 훈련이 끝나자 천 명이 넘는 사람들과 보충대로 갔다. 나는 마음이 많이 상했다.

　그곳에서 높은 분의 당번을 구한다며 그 많은 사람 중에서 세 명을 뽑았는데 내가 그 한 사람이 되었다. 뽑힌 세 명 가운데 한 명을 당번 겸 높은 분을 돕는 일을 시킨다고 하였다. 모든 사람이 부러워하는 자리였다. 면접관은 내가 제일 유력하다고 귀띔해주었다. 편안하게 군대 생활을 하리라 기대하고 있었는데 갑자기 전임자가 아직 제대를 못했다며 내가 취소되었다는 통보를 받았다. 나는 허망한 마음에 하나님이 야속해졌고 슬펐다.

　내가 결국 배치되어 간 곳은 맹호부대였다. 베트남에서 전쟁을 치르고 철수한 지 얼마 되지 않았기 때문에 군기도 세고 전투 훈련이 힘들기로 소문이 나 있었다. 모든 사람이 꺼려하는 부대로 배속 받은 것이었다. 사람들이 나를 불쌍히 여겼다. 나는 기가 차서 하나님을 원망했다. 도착하자마자 교육대에서 최초로 시행하는 새로운 8주간의 훈련이 기다리고 있었다. 백여 명의 서울 출신 병사들은 그야말로 혹독한 훈련을 받았다. 편안하게 군 생활을 할 수 있지 않을까 하는 희망은 포기한 채 군종을 했으면 좋겠다고 생각하였다. 군종 목사님은 나를 면담한 후 긍정적인 사인을 보내셨는데 훈련이 끝나면서 또 시련이 왔다. 사단장님이 이번에 잘 훈련받은 똑똑한 사람들은 행정병이나 사단 본부에는 한 명도 남기지 말고 각 예하부대로 보내서 전투력을 증강시키라고 했던 것이다. 옳은 말씀이었지만 나의 꿈은 또 깨졌다.

나는 대대로 배치를 받았다. 30명 정도가 대대 본부 앞에서 대기하고 있었는데 반 정도는 이발소에 갔다. 20명 가까운 병사들이 쉬고 있을 때 갑자기 어떤 장교들이 오더니 태권도를 시키는 것이었다. 얼떨결에 여러 동작을 취하며 시범을 보였다. 그들은 여러 기록들을 살펴보고 그 중의 4명을 뽑더니 지금부터는 포병이라고 하였다. 아마도 체격 좋고 씩씩한 사람을 뽑은 모양이었다. 나를 포함해 뽑힌 일행은 가장 먼저 본부로 배속을 받아 좋은 줄로만 알았다. 그러나 그곳은 가장 악명 높은 본부소대였다.

나중에 알게 되었는데 그것은 곧 있을 사단 대회를 대비해 인력을 보충하기 위함이었고, 신병을 우선적으로 선발했던 것이다. 대부분의 다른 동료들은 다른 중대로 배속되었다. 나는 이때 선택받은 것을 두고두고 억울해했고 하나님을 보통 원망한 것이 아니었다. 그것은 30분도 채 안 되는 짧은 시간에 내 군대 생활이 바뀌었기 때문이다.

당시 군종병 가운데 최고참 병사가 제대를 코앞에 두고 있었다. 후임자를 구하려고 우리에게 왔다가 신병들이 이발소에 갔다는 말을 듣고 거기로 먼저 간 것이다. 그곳에서 신학생을 발견하지 못하고 우리에게 왔는데 그 짧은 시간에 나는 이미 포병으로 선택되어 있었다.

　마침 그분은 신학대학 선배였다. 선배는 나를 보고는 후배가 온 것을 무척 기뻐하였다. 그러고는 나를 지명한 담당 장교에게 나의 선택을 취소해달라고 하였다. 그런데 그 장교는 불과 30분 전에 결정한 것을 양보할 수 없다고 하였다. 다른 병사들이 얼마든지 있는데 구태여 나를 뽑아야겠다는 것이었다. 그 광경을 보고 나는 어처구니가 없었다. 그 선배는 대대장을 만나고 군종 목사님을 만났다. 여러 사람들을 찾아가 나를 데려가려고 애를 썼는데 놀랍게도 그 모든 노력은 허사가 되었다. 대학 선배는 나를 찾아와 이럴 수는 없다고 아쉬워하면서 나를 위로하는 말을 남기고 떠났다. 그리고 나는 제대할 때까지 그곳에서 눈물겹고 고된 군대생활을 하였다. '야속하신 하나님, 정말 너무하세요!' 나는 수천 번도 더 이렇게 되뇌었다.

　보안상 자세한 이야기는 할 수 없지만 우리는 집체 훈련을 받았고 그곳에서는 측정을 한다고 하였다. 나는 또 한 달 동안 죽을 만큼 고된 훈련을 받았다. 신학교에 근무하시던 아버지는 혼자 면회를 오셨는데 고되게 훈련받는 나의 모습을 보시고 정 힘들면 못하겠다고 말하라고 하셨지만 나는 버텨보기로 마음을 정했다. 훈련을 끝낸 우리는 여러 부대가 모여 훈련과 측정을 했는데 불행하게도 우리가 꼴찌를 했다. 우리 부대 최고 지휘관이 분노한 것은 말할 필요도 없다.

　우리는 그동안 주특기 훈련을 한 보람도 없이 자대로 돌아와 또다시 혹독한 훈련을 하였다. 소대장은 실력 없는 소대원들이라고 우리를 몰아붙이며 인격 존중도 없이 강하게 훈련시켰다. 또한 밤마다 분노한 지휘관과 고참들의 가중되는 등살에 제대로 잠을 잘 수가 없었다. 수많은 정신 교육이 이어졌다. 아마도 내 기억이 정확하다고 하면 한 달 중 2, 3일을 빼고는 편하게 잠을 자지 못했다. 나는 또 하나님을 원망했다. 고통은 그것으로 끝이 아니었다. 나는 계속해서 깊은 나락으로 떨어져갔다.

　우리 부대가 성적이 좋지 않았기에 모든 일에 제재를 받았는데, 그 가운데 하나가 주일날 교회를 갈 수 있는 분위기가 아니었다. 나는 죽기 살기로 교회에 갔다. 저녁 예배도 빠진 적이 거의 없었고 수요일에도 물론 그랬다. 당시 교회에 가는 사람은 우리 소대에서 나 말고 한 명 더 있을까 말까 했다. 그런 상황에서 졸병이 할 일을 잔뜩 놔둔 채 교회를 들락거렸으니 핍박이 따라온 것은 당연했다.

　어느 때는 전 부대에 비상이 걸려 완전 군장을 하고 전방으로 출동 태세를 하고 있었는데 그 중요한 시간에도 주일 낮 예배에 갔다. 교회에는 군종요원 몇 사람 밖에는 아무도 없었다. 그들도 전투복장을 하고 있었다. 그들은 아마도 어떻게 이런 상황에서 내가 교회에 왔는지 도리어 이상하게 생각했을 것이다. 나는 그렇게 죽기 살기로 신앙생활을 하였다.

　어느 날인가는 영 밖에 거주하던 높은 분이 갑자기 주일날 저녁 부대에 들어와서는 공연히 화를 내고 나를 트집잡더니 여러 병사들이 보는 앞에서 내 볼을 잡고 이리저리 끌고 다녔다. 나는 도대체 무슨 이유인지 몰랐다.

　나중에 눈치 빠른 고참이 내게 말하기를 아마도 교회에 다니는 사모님과 싸우고 기분이 나빠서 교회에 다니는 내게 분풀이한 것 같다고 했다. 나는 하나님을 원망하며 속으로 많이 울었다. 내가 말로 토로하면 안 되는 군 생활이 있다. 아무리 40년 가까운 세월이 흘렀어도 부정적 이야기는 삼가는 것이 좋다. 그러나 상상하기 힘든 너무도 어려운 내무반 분위기 속에서 훈련보다 훨씬 더 혹독한 저녁 시간이 수도 없이 많았다. 지옥이 따로 없었다. 아마 그때 다른 소대원들도 나와 같은 생각이었을 것이다. 나는 정말 편하게 군 생활을 하고 싶었지만 하나도 이루어지지 않았다.

한번은 새로 오신 우리 소대장님이 얼마 후 사단장님의 전속 부관으로 가게 되었다. 그는 사단장 당번을 구하려는 목적으로 우리 부대에 왔다. 그러고는 제일 높으신 분을 만나고 또 담당 장교를 만나 나를 데려가겠다고 했다. 내가 그 소대장님을 모셨었는데 아마도 사단장님도 잘 모실 것이라고 생각하셨던 것 같다. 대대 본부의 당번이 내게 와서 '너는 이제 거기로 갈 것 같다'며 부럽다는 듯 웃으며 전해주었다. 그러나 한 시간이 지난 후 나는 가슴 아픈 이야기를 들었다. 우리 대장들은 나를 절대로 보낼 수 없다고 했고 나를 데리러 오셨던 그분은 그냥 돌아가셔야 했다.

우리 소대원들은 이런 사실들을 모두 다 알고 있었기 때문에 나를 늘 불쌍하게 보았다. 솔직히 훈련이 강하고 내무반 규율이 엄한 이런 부대에 있고 싶은 사람은 없을 것이다. 나는 빠져나갈 구멍을 여러 번 찾아보았다. 그러나 그 많은 기회들이 번번이 허사가 되었다. 거기서 더 억장이 무너지는 장교의 말을 들었다. 그는 맨 처음 내가 이 부대에 왔을 때 군종으로 보내주지 않은 첫 번째 소대장이었다. 그분 아래서 나는 온갖 쓴맛을 보았다. 그분이 본부의 다른 부서로 옮겼는데 어느 날 내게 와서는 나를 자신의 부서로 데려가고 싶으니 자기에게 오라는 것이었다.

내 직책에서 나를 빼내어 보내줄 수 있다면 내가 처음 부대에 왔을 때부터 보내줄 것이지 자신이 새 직책을 맡았다고 해서 나를 데려간다는 것은 그의 욕심이었다. 그가 지난날 나를 다른 곳으로 보내주지 않은 것은 따지고보면 나의 적성을 고려하지 않고 전투력 향상을 위한다는 명목과 더불어 자신의 유익을 먼저 생각했기 때문이었을 것이다. 가슴 아픈 일이었다. 그러나 나는 어떻게든 조금이라도 덜 고생스러운 직책을 맡고 싶어서 그의 제의를 받아들였다. 그러나 그 계획도 수포로 돌아갔다. 현재의 담당 장교도 나를 보낼 수 없다고 펄쩍 뛰었기 때문이다. 나는 또 한 번 가슴으로 울었다. 은혜의 하나님은 그러한 고통 속에서도 나를 위로해주셨다.

　나는 포병 사격지휘소의 한 부분인 계산병을 하였는데 상당히 중요한 위치였다. 나는 여러 부대가 측정했을 때 우수한 성적을 내어 포상휴가를 받았다. 강제로 나간 웅변대회에서도 일등을 하였다. 나는 사격도 잘 했지만 특별히 야간 사격에서 군 생활 가운데 단 한 발도 놓친 적이 없었다. 구보도 잘하고 복싱도 잘했다. 나한테 한 대 맞으면 대부분 피가 나든지 도망을 갔다. 내게 패한 사람들은 나를 깡패목사라고 불렀다. 그야말로 군대 체질이었다. 소대장의 전령을 했는데 병장이 되어서도 했다. 내무반 안에 써 붙이는 글씨도 멋지게 써서 칭찬도 많이 들었다. 나는 고참들에게는 가끔 시달림을 받았지만 장교에게 맞거나 모욕을 당한 적은 별로 없었다.

　주변에서는 군대에 장기근무를 하라고 농담 삼아 말하는 사람도 많았다. 우리 부대에는 명문대 출신도 많고 똑똑한 사람도 많았지만 여러 측정을 해도 나는 항상 성적이 우수했다. 내게 만일 목사가 되겠다는 비전만 없다면 군인이 되었을지도 모른다. 사실 고등학교 때 담임선생님은 육군사관학교에 가는 것을 권유하셨었다.

　나는 계산병으로서 지도를 보고 포를 쏘는 여러 제원을 산출해야 했기 때문에 1밀리미터도 소홀히 할 수 없었다. 그렇게 내가 계산한 것을 근거로 포를 쏘았기에 실수를 했다가는 큰 사고로 이어질 수 있었다. 그러므로 그 직책을 감당하면서 섬세함과 냉정함을 배웠고, 전투력이 강한 부대였기 때문에 강함도 배울 수 있었다. 아무리 인간관계가 힘들어도 참고 견디는 것을 배웠다. 이런 모든 것이 영적 전투에서도 적용이 되었다. 지금 생각하면 하나님은 그 기간 동안 지금 내가 사역하고 있는 영적 전투에 필요한 모든 것을 배우게 하셨던 것이다.

　나는 군에 있으면서도 늘 집을 생각했다. 한번은 월급 중에 일부를 적

금에 들었는데 2년 동안 적금을 부어 당시 오천 원을 받았는데 그것을 집에 보냈다. 그 돈으로 동생들에게 책을 사보라고 하였다. 나는 일 년에 15일씩 한 번 나오는 휴가를 모든 사람이 부러워하는 연말에, 즉 크리스마스와 신정을 끼고 두 번이나 나올 수 있었다. 사람들은 행운아 중의 행운아라고 했다. 마지막 휴가 후 두 달 만에 제대를 했는데 그날이 1월 1일이어서 부모님께 새해 첫 날 세배를 드릴 수 있었다. 세상에 이런 감사한 일이 있을까?

결혼을 하다

나는 중학교를 다닐 때 목사가 되기로 마음을 굳혔기 때문에 모든 생활의 초점을 목회에 맞췄다. 어차피 결혼은 해야 하는 것이었고, 평생 교회를 위해 함께 일할 아내가 필요했다. 내가 육신의 눈으로 좋아하고 사랑할 아내가 필요한 것이 아니라 사역자로서의 사모가 필요했다. 상담사역자 중에는 이런 나의 생각을 잘못된 것이라고 하기도 하였다. 나는 어쨌든 아름다운 여성을 찾기보다는 누가 더 목회에 적합한가를 생각했다.

상대가 나에게 관심을 보이기도 하고 나 역시 눈여겨본 사람도 있었지만 이것저것 살피다보면 주님 나라를 위해 일할 때 만족이 없을 것 같았다. 나는 눈이 높아서라기보다는 주님 나라를 위해 사모로서 최상의 조건을 갖춘 사람을 아내로 맞이하고 싶었다.

나는 연애나 데이트 한번 제대로 해본 적 없이 살다가 군대를 다녀왔다. 군에서 거의 매일 보초를 섰는데 그때마다 하나님께 좋은 아내를 달라고 기도하였다. 그때 아버지는 신학교에서 퇴임하시고 봉천동에서 목회를 하고 계셨다. 나는 군에서 제대하고 처음에 아버지의 교회를 6개월간 돕다가 다른 교회에서 교육전도사로 일하게 되었다.

아버지는 그 교회에 출석하는 자매를 마음에 들어하셨다. 그 자매는 열정적이었는데 순복음교회에서 오랫동안 신앙생활을 하다가 불과 몇 달 전 아버지가 목회하는 교회로 왔다. 무엇보다도 적극적이고 열심이 있는 것을 귀하게 여기시는 아버지의 마음에 들었던 것이다. 그 배경에는 모든 일에 소극적이고 수동적으로 보이는 내게 여러 모로 도움이 될 것이라고 판단하신 모양이었다. 아버지는 나의 의사를 묻지도 않으시고 그 자매에게 며느리가 되어 달라고 부탁하셨다. 자매는 내가 아직은 학생이고 능력이 없었기 때문에 소극적인 태도를 보였다.

  우리 집은 가족 회의를 열었고 며느리로 맞이하면 좋겠다고 어느 정도 합의를 보았다. 나는 아버지와 어머니가 기도의 사람이신 것을 생각하며 신뢰하였다. 부모님의 말씀은 하나님의 말씀과 거의 같다고 생각했기 때문에 쉽게 거절할 수 없었다.

  어쨌든 이제 공은 내게로 넘어왔고 나는 자매를 만났다. 그리고 아버지가 좋다고 하시니 결혼하자고 하였다. 어떻게 보면 무책임하고 한심한 프로포즈였다. 그녀는 내게 그러면 내가 자신을 사랑하지 않느냐고 물었다. 나는 당신을 잘 모르지만 조금 사랑하는 것은 사실이고, 아버지가 자신의 며느리를 선택하면서 실수하시겠느냐고 말했다. 그녀는 반신반의하다가 몇 주 후에 허락하였고 결국 우리는 이듬해 결혼하게 되었다. 나는 힘들이지 않고 배우자를 맞게 되어 마음 편히 공부와 교회 사역에 전념할 수 있었다. 한 발 한 발 사역자로 준비되어갔다.

2부
영적인 세계를 알아가다

8장 은혜 속으로

은혜를 받다

　결혼하고 얼마 후 우리는 상도동에 보금자리를 꾸몄다. 사당동에 있는 신학교가 가까웠기 때문이다. 그때 나는 행당동에 있는 신성교회의 교육전도사로 섬기고 있었는데 그 교회는 영적이었으며 성장하는 교회였다. 나는 거기에서 2년 동안 사역했는데 지금까지도 목사님의 지식적이고 영적인 설교를 잊을 수가 없다. 그분이 강용서 목사님이시다.

　목사님은 과거 장로교 통합교단의 서울 무학교회를 시무하시다가 신성교회를 개척하시고 시무하셨다. 최근에 알게 되었지만 내가 존경하는 영성가이신 엄두섭 목사님 사모님의 친오빠이셨다. 교회를 섬길 때 나는 신학교 학생이었기 때문에 신학교에서 배운 것들도 큰 도움이 되었지만 내가 섬기는 교회의 목사님과 교회의 분위기를 통해서도 교회가 무엇인지를 배웠다. 사실 신학공부는 교회를 통해서 하는 것이 원리라고 생각한다. 교회를 모르면 신학공부는 모래 위에 성을 쌓는 것에 불과하다.

교회를 배우는 것은 한 교회에서 오래 있으면서 배울 수도 있고, 한 교회에서 2~3년간 있다가 다른 교회로 옮기면서 여러 교회를 통해서도 배울 수 있다. 나는 여러 교회를 다녀보면서 배우는 쪽을 택했다.

그 교회에서 사역한 지 몇 달 되지 않아서 내가 지도하는 대학 청년부가 저녁마다 모여 40일 동안 기도회를 한다고 하였다. 나는 그때 학교 공부도 해야 했고 상도동에 살았기 때문에 행당동까지 거리도 멀었지만 교육전도사라는 직책 때문에 저녁마다 가게 되었다. 전도사가 젊은이들을 인도하는 것이 아니라 젊은이들이 전도사를 기도의 자리로 인도하는 모양이 되어버렸다.

그때 청년 회장은 카이스트 연구원이었고 나보다 몇 살 위였다. 그런 실력 있고 할 일 많은 사람이 앞장서서 기도하였다. 그들 중에는 신학생도 있었다. 나는 아무리 바빠도 그들만 모여서 기도하게 할 수는 없었다. 매일 저녁마다 모여서 기도를 하는 데 그야말로 불이 붙었다. 성령이 역사하시고 감격적인 기도가 계속되었다. 젊은이들이 이렇게 신앙이 깊고 기도를 사모하는 것은 예삿일이 아니었다.

어느 날 단체 기도가 끝나고 개인 기도 시간이 되었는데 나는 교회 한쪽으로 가서 열심히 기도를 하였다. 성령이 충만해서 기도를 하게 되었는데 갑자기 내 몸이 뜨거워지더니 신비한 현상이 느껴졌다. 또한 입에서 이상한 말이 나오기 시작하였다. 나오는 말을 가만히 들어봤을 때 아무래도 방언이라는 생각이 들었다. 나는 방언하는 사람들을 많이 보았지만 내가 해본 적은 없었다. 오히려 그게 무슨 필요가 있나 생각하고 있었고, 그 당시 신학교에서는 방언을 별로 신통치 않게 생각하였다. 어떤 교수님은 수업시간에 아예 방언이란 것이 없다고 가르쳤다. 나는 그 교수님을 존경했었기 때문에 그분의 주장을 무시하기 어려웠다.

그렇기 때문에 방언을 할 생각도 없었고 다른 사람이 방언할 때에는 꺼림칙해했었다. 그런데 지금 내게 주체할 수 없을 정도로 방언이 흘러나왔다. 나는 자포자기하는 심정으로 내 입에서 방언이 나오는 대로 맡겼다. 나는 계속해서 성령이 충만한 가운데 방언으로 기도하였다. 한참을 기도한 후 고개를 들어보니 교회에는 아무도 없었다. 너무 시간이 많이 흘러서 청년들은 집에 가고 교회는 텅 비어 있었다. 나는 신비스러운 현상 속으로 들어간 것이 기뻤지만, 한편 다른 청년들이 나를 어떻게 생각했을까 조심스러웠다.

조금 지나자 교회 옆 사택에 사시던 부목사님이신 문 목사님이 사모님과 함께 나에게 오셨다. 그분은 나의 행동을 다 보았다는 듯 얼굴에 미소를 띠시며 여러 말씀을 해주셨다. 그분은 내가 방언을 받은 것이 분명하다고 말씀하셨다. 그리고 하나님의 능력은 불도 있고 능력도 있고, 또 능력은 전이된다고 여러 가지 비유를 들면서 영적 세계에 대하여 말씀하셨다. 26살 신학교 학부 3학년생인 전도사가 이제 영적 세계에 정식으로 입문한 것이었다. 그것은 이론이 아니라 실제였다. 문 목사님의 말씀을 들으면서 영적 세계에 대한 많은 사람들의 숱한 비판과 나의 경계심은 어느 정도 해소되었다.

성경을 열심히 읽다

학부 시절 나는 열심히 기도했고 성경에 빠져 살았다. 방학 때나 학교에 가지 않는 날은 아침부터 하루 종일 성경만 읽었다. 당시에는 다양한 색깔로 줄을 치면서 읽는 것이 유행이었는데 나도 역시 내용에 따라 색깔을 칠했다. 예를 들어 영적인 것은 파란색, 축복의 말씀은 빨간색, 저주의 말씀은 노란색 등이었다.

하루 종일 읽으면 70~100장을 읽었다. 이렇게 읽다보면 한 달에 성경을 두 번 정도 읽었다. 그야말로 말씀이 꿀같이 달았다. 성경 수업 시간에 교수님은 성경 읽은 것을 체크하셨는데 나는 늘 1등을 목표로 읽었다. 아이도 없던 신혼 시절에 우리는 여행이나 영화 관람, 쇼핑을 한 기억이 별로 없다. 지금 생각해보면 그 당시 무슨 재미로 신혼생활을 했을까 하는 생각이 들 정도다. 어쨌든 나는 신학 공부를 하고 목사가 된다는 것이 그렇게 보람되고 재미있을 수가 없었다.

하나님을 만나 음성을 듣다

나는 날마다 성령에 충만하였고 교회에서 내가 맡은 부서도 은혜로웠다. 27살의 나는 그렇게 한 해를 보냈다. 가슴은 늘 하나님을 사모하였고, 성경을 읽다가 잠을 자면 환상 속에서 성경책이 보였으며 종이가 넘어가는 것이 보였다. 어느 때는 본문도 정확하게 보였고 옆에 쓰여 있는 페이지 수도 눈에 들어왔다. 그렇게 신기할 수가 없었다. 어떤 때는 환상 가운데 보여주신 본문을 가지고 기억해두었다가 주일날 우리 부서에서 설교를 하였다. 매주일 설교 본문을 정하는 것이 그렇게 쉬울 수가 없었다. 그럴 때마다 이번 주에도 하나님이 설교할 내용을 꿈 속에서 가르쳐주셨으면 좋겠다고 기대에 차게 되었다.

어느 날 밤 그날도 하루 종일 성경을 읽다가 잠이 들었다. 잠을 자는데 어느 순간 정신이 멀쩡해졌다. 그런데 갑자기 몸이 서서히 굳어지기 시작했다. 나는 정신이 번쩍 났다. '이게 무슨 일인가.' 그런 생각도 잠시 내 몸은 완전히 굳어졌다. 나는 깜짝 놀라 몸을 움직여보았다. 그런데 몸이 조금도 움직이지 않았다. 나는 생명에 문제가 생긴 것 같은 두려운 마음으로 손가락을 움직여보았다. 그런데 어느 손가락 하나도 움직일 수 없었고 발가락도 마찬가지였다. 입을 열려 해도 입이 벌어지지 않았고 목소리도 나오지 않았다. 나는 모든 것이 완전히 마비가 되었다.

나는 위기를 벗어나기 위해 옆에 자고 있던 아내에게 도움을 요청하려

했지만 어떤 방법으로도 의사를 전달할 수 없었다. 나는 완전히 혼자였고 위험한 상태에 빠져 들어가고 있었다. 그때 꿈도 아니고 분명히 생시인데 이상한 환상이 나타났다.

내 영혼인지 무의식인지 분명히 말할 수는 없다. 그렇지만 저 하늘 위가 보이는 느낌이 들었다. 그런데 하늘 높은 곳에서 음성이 들려왔다. 그 단어는 영어의 알파벳으로 "P. R. I. E. S. T"였다. 한 자 한 자 또박또박 음성이 들려오는데 그 목소리는 영화 〈십계〉에서 하나님이 모세에게 말씀하셨던 음성과 비슷한 것이었다. 권위 있고 우렁찬 말씀이었다. 나는 온 몸이 하나님의 임재 속에 깊이 잠기면서 하나님의 음성을 들었다. 나는 완전히 환상과 신비 속에 빠졌다. 두려움과 떨림 그리고 그 신성과 신비함, 말로 표현할 수 없는 것이 한순간에 나타났다.

잠시 후 말씀이 끝나자마자 마비되었던 몸이 스르르 풀렸다. 나는 두려움에서 벗어났다. 누웠던 자리에서 벌떡 일어나 사전을 보면서 그 단어가 제사장이라는 뜻인 것을 확인하였다. 그리고 혹시 다른 무슨 뜻이 있는지 살펴보았다. 그러나 분명한 것은 하나님이 나를 제사장으로 부르셨다는 확신이 들었다. "그렇다. 나는 제사장이다."

나는 한밤중에 일어나 아내를 깨우지 않고 조용히 몇 시간 동안 무릎을 꿇고 기도했다. 나는 분명히 하나님께서 나에게 나타나셔서 말씀하신 것이라고 확신한다. 독사에 물려 죽음 직전까지 갔을 때 주의 일꾼이 되겠다고 작정한 것이 12년 전이고, 깊은 회심을 체험한 것이 10년 전인데, 10년이 지난 지금 27살의 나이에 하나님께서 주의 종으로 부르시기 위해 직접 찾아오셨던 것이다. 교회사에서 보면 이런 영적 부르심을 체험한 사람들을 종종 만나볼 수 있다.

이러한 깊은 영적인 체험을 하고나서 나의 마음은 하늘을 나는 것 같았다. 더 열심히 성경을 보고 더 열심히 사역하였다. 학교 공부도 열심히 하였다. 나는 친구들과 어울려 다닐 틈이 없었다. 나는 신학교 7년 동안 학교 친구들과 극장을 딱 한 번 가보았다. 친구들끼리 야외에 나간 것도 손으로 꼽을 정도였다. 나는 학창 시절 여학생과 단둘이서 커피 한 잔 마신 적이 없을 정도로 열심히 살았다.

학창 시절에 가까운 친구들에게 내가 하나님을 만난 이야기를 들려주면 믿어주는 사람이 거의 없었다. 오히려 친구들은 빈정거리듯 "너, 신비주의냐?"라고 퉁명스럽게 말할 뿐이었다. 내가 하나님을 만나 이렇게 기쁜데 오히려 죄인 취급을 당하였다. 영적으로 사모하는 기도 모임에 참석하여 활동한 적이 있었는데 그 모임에서조차 나의 체험을 인정해주지 않았다. 나는 뜨거운데 주변의 시선은 차가웠다.

이 영적 체험을 한 후 하나님에 대하여 더 깊이 알고 싶었고, 특히 은사에 대해 알고 싶어서 여러 교수님들께 질문을 해보았지만 시원한 대답을 들을 수 없었다. 그래도 차영배 교수님은 어느 정도 은사에 대하여 열린 분이셨으며 개인적으로 여러 지도를 받았다. 그분은 수업 시간에 헤르만 바빙크의 「Our Resonable Faith」를 교재로 하여 원서 강독을 하셨는데 나는 큰 도움을 받았다. 나는 지금도 바빙크의 책을 좋아한다.

그러나 나의 체험이 교회사적으로 가능한 것이라는 확증이 필요했다. 이후로 서점을 다니면서 선다 싱, 스웨덴부르그, 어거스틴, 프란시스의 책을 구하여 읽었다. 영성가 혹은 수도사들의 책을 읽으면서 나의 체험은 성경적으로나 교회사적으로도 문제가 없다고 확신하였다. 내가 배우고 있는 신학사상과는 다를 수 있지만 신학은 변해도 성경과 체험은 변하지 않는다.

하나님의 음성을 들은 이때의 영적 체험은 내 평생 목회생활에 큰 힘이 되었다. 내가 잘될 때에는 교만하지 않고 살아계신 하나님을 늘 의식하며 겸손의 길을 걸어가려 애썼고, 힘들 때에는 하나님께서 나를 부르셨다는 확신이 있기 때문에 고난을 견디며 주의 일에 힘쓸 수 있었다.

나는 어떤 어려움에 처해도 목회를 하지 않고 다른 직업을 가지려는 생각을 한 적이 없다. 하나님이 나를 부르신 것이 너무 분명하기 때문에 목사로 살다가 죽는 것이 평생의 소원이고, 내 자녀들도 하나님 나라를 위해서 일한다면 크게 환영할 것이다. 하나님을 체험한 후 나는 이 세상이 그렇게 중요하지 않다는 것을 확신하였다. 그때 이후로 나는 이 세상에 대한 욕심이 없어졌다. 내게 중요한 것은 어떤 모습으로 하나님 앞에 서느냐 하는 것으로 견고해졌다.

하나님의 임재를 체험하고 25년이 지난 후 영안이 깊이 열리면서 나는 세계적인 영적 사역자들에게 27세 때 나의 체험이 하나님을 만난 것이 분명한 것인가, 이때 만난 하나님이 삼위 중에 어떤 분이신가 궁금하여 확인해보았다.

세계적인 사역자들의 이름을 밝히지 않겠지만 그분들 모두가 성부 하나님이 나타나신 것이었다고 말하면서 모두가 나를 부러워하였다. 그분들 중에는 고백하기를 자기들은 그런 체험을 한 적이 없다고 하였다. 그리고 성부를 만나는 체험은 성경에서도 흔하지 않으며 교회사적으로도 그렇고 전 세계적으로도 많지 않다고 말해주었다.

내가 체험한 하나님을 모든 사람이 똑같이 체험할 수는 없다. 또한 다른 사람의 영적 체험을 내가 꼭 해야 하는 것도 아니다. 하나님을 만난 그 체험은 내가 의도한 것이 아니었고 하나님께서 주도적으로 행하신 일이기 때문이다. 진정한 깊이 있는 영적 체험은 하나님 편에서 시작하신다.

방언과 방언찬송이 흘러나오다

신학교에서 아무리 은사에 대한 부정적인 신학 이론을 배워도 내 마음에 영적인 열정이 식지 않았다. 처음 신학교에 들어갔을 때 어느 설교자가 예배 시간 중에 하신 유머가 생각난다.

"신학교에 처음 들어올 때에는 가슴에서 불이 붙다가 학교를 다니다보면 불이 다 꺼져서 연기만 나고, 졸업할 때쯤 되면 연기도 나지 않는다"고 말씀하셨다. 그만큼 신학 교육이 이론에 치우치고 영적이거나 체험적인 것을 소홀히 한다는 의미일 것이다.

다른 사람은 잘 몰라도 나의 경우는 그렇지 않았다. 채플 시간마다 은혜를 받았고 훌륭한 목사가 되기 위해 준비하였다. 나는 방언을 할 수 있었지만 보수적인 학교 분위기에서 따돌림을 받지 않으려고 방언을 하지 않고 은사에 대해서도 말을 아꼈다. 그렇다 하더라도 내 가슴속에는 은혜가 넘쳤다.

어느 날 교회에서 저녁 예배를 드리고 집으로 오는 도중 비가 많이 내렸다. 나는 우산을 준비하지 못해 비를 그대로 맞고 10분 정도를 걸었다. 내 주변에는 어두운 밤이라 그런지 사람들이 거의 없었다. 비를 맞으며 걷는 도중에 내 발도 물에 잠기고 내 자신도 은혜 속에 잠겼다. 그리고 내 입에서는 방언으로 된 찬송이 흘러나왔다. 듣는 사람도 없지만 주위를 상관하지 않고 내 속에서 소리가 나오는 대로 맡겼다. 아름다운 방언 찬송이 입에서 쉴 새 없이 흘러나왔다. 그 음은 주로 고음이었는데 아마도 천사라면 이러한 노래를 부를 것이라는 생각이 들었다. 그러나 가족이나 동료 목사나 성도들 앞에서는 할 수가 없었다. 혹시라도 이상한 사람이 되었다고 낙인이 찍히면 큰일이었기 때문이다.

세월이 지나 영안이 열린 후 방언찬송이 회복되었는데, 이 찬송은 정말 가슴 떨리게 아름답고 영적인 멜로디다. 그때보다 지금은 더 고상하고 깊이 있는 방언찬송을 한다. 내가 어쩌다가 이런 방언찬송을 하면 영적인 사람들은 아주 좋아한다. 어떤 분들은 몸에 전율을 느낀다고 한다. 나는 사람이 없을 때는 혼자서 가끔 방언찬송을 올려드린다. 방언찬송을 할 때에는 내 영혼이 즐거워하고 환상 속에 들어가는 것을 느낀다.

9장 회개와 거룩을 외치다

　신학교를 다닐 때 나는 우리 부모님이 은사자이고 나 자신도 영적인 체험과 은사가 많았기 때문에 성령론에 대해 관심이 많았다. 수준 있는 성령론 책은 수도 없이 사서 읽었다. 그 중에서 R. A. 토레이의 성령론을 읽으면서 깨달은 것이 하나 있다. 성령을 받으려면 회개가 중요하다는 것이다. 원리적으로 죄가 많으면 성령이 역사하기 어렵다.
　나는 성령을 사모했기 때문에 지금처럼 오랜 시간 동안 회개하지는 않았지만 죄짓는 것을 조심하고 회개에 힘썼다. 나는 회개할 때나 기도할 때나 설교할 때 감동이 많이 되고 눈물이 많이 난다.
　신학교 채플 시간에 설교를 들으며 많은 은혜를 받고 많이 울었다. 어느 때는 너무 울어서 점심을 먹으러 가기가 힘들 때도 있었다. 다른 학생들이 교수님이나 설교자들의 설교를 비판하는 경우도 많이 있었지만 나는 아무리 생각해도 비판할 분이 없었고, 거의 대부분 설교에 은혜를 받았다. 나는 항상 가슴이 뜨거웠다.

한번은 내가 맡고 있던 청년 대학부를 데리고 여름 수련회를 가게 되었다. 담임 목사님은 대부분이 대학생인 50명의 청년을 수련회에 보내면서 서른 살도 안 된 전도사인 내게 혼자 다녀오라고 하셨다. 아직 신학공부를 하는 중이었음에도 여름 수련회를 혼자서 인도하였다.

아침, 저녁으로 설교를 했는데 첫날부터 세례 요한이 회개를 외친 것처럼 강력하게 회개할 것을 설교하였다. 그날 저녁 뜨거운 회개의 시간을 가졌고 그 다음에는 한 사람, 한 사람 일어나서 회개를 하였다. 이것은 신학교에서 박윤선 목사님이 행하셨던 것인데 나도 같은 방법으로 기도회를 인도하였다. 어떤 사람은 학생이 아니면서도 학생 요금을 내고 버스를 타고 다녔다고 회개하였다. 어떤 명문대에 다니는 학생은 여학생들을 너무 많이 사귀었다고 회개하였다.

여기저기에서 회개의 울음소리가 터져 나왔다. 우리 청년부는 지금 생각하기에도 활력이 넘쳤고 날로 성장하였다. 영적으로 수준 있는 성령론은 회개야말로 은혜를 받는 통로라고 말하고 있다. 내가 영안이 열리게 된 비결도 엄청난 시간을 회개에 투자했기 때문이다. 옛날이나 지금이나 변하지 않는 진리는 회개할 때 은혜가 임한다는 것이다. 1906년 영국의 웨일즈 부흥운동이나, 1907년 평양 대부흥운동의 시작도 회개로부터 시작되었던 것을 교회사가 증언한다.

낮은 자들을 위하여 살기로 결심하다

신학대학원을 다니면서 교육전도사로 일하는 것이 나는 보람되고 즐거웠다. 딱딱한 신학공부보다 교회에서 이런저런 봉사를 하거나 가르치고 설교하는 것이 좋았다.

물론 신학 이론이 탄탄해야 하나님의 일을 잘 할 수 있다. 그러나 영성훈련 부분이 취약한 경우가 많다. 어쨌든 주님 나라를 위해서 일생을 헌신한 마당에 어떤 일이든 열심히 하고 싶었다.

내가 20대 후반일 때 사람들은 나를 별로 고생을 하지 않은 사람으로 생각하였다. 나 스스로는 고생을 했다고 생각하는 것과 많이 다른 평가였다. 물론 나는 먹을 것이 없어서 굶어본 적은 없다. 대학과 대학원 7년 동안 등록금이 없어서 휴학한 적도 없이 계속 공부하였다. 이렇게 보면 별로 고생하지 않은 것이 맞기도 하다.

그러던 어느 날부터인가 내 마음속에 가난하고 약하고 병든 자를 위해서 목회를 해야겠다는 생각이 들었다. 나는 이 이야기를 가르치는 청년들에게 여러 차례 말하였다. 그러나 마음 한편에서는 서울에서 멋지게 큰 교회를 세우고 목회하고 싶은 마음도 조금씩 자리잡기 시작했다.

내 마음에 약간의 번민이 있었다. 얼마 있지 않으면 신학교를 졸업하는데 내가 어떤 지역에서 어떤 방법으로 일을 해야 할 것인지를 생각하면서 기도의 시간을 많이 가졌다. 그러던 중 우리 교회가 지원하고 있던 시골 교회의 담임 전도사님이 사임을 하셨다. 그 소식을 들은 나는 목사님께 후임으로 가겠다고 말씀드렸다.

지금까지 서울에서 성장하고 공부하면서 큰 어려움 없이 살았는데 계속 편하게만 살 수는 없다고 내 마음을 설명드렸고, 목사님은 장로님들과 의논하겠다고 하셨다. 나는 집으로 돌아와 아내의 동의도 받았다. 그러나 일주일 후 목사님은 우리 교회의 전도사를 보낼 수 없다는 장로님들의 의견이 모아졌다고 말씀하셨다. 장로님들은 내가 교회에 필요하다고 생각하셨던 것 같다. 내 부푼 꿈은 그렇게 시들었다. 그럼에도 나는 서울을 벗어나 지방으로 가고 싶었다. 그것이 하나님 앞에서 해야 할 일이라고 생각했다.

어느 날 또다시 기회가 왔다. 성남 지역에서 전임전도사를 구한다는 것이다. 나는 지원하였고 그 교회에 부임하게 되었다. 이전 교회는 낮 예배 출석 성도가 550명 정도였는데, 이 교회는 출석 성도 200여 명 정도로서 이전 교회와 비교할 때 모든 면에서 부족한 것이 많았다. 사실 나는 이보다 더 어렵고 조그만 교회에서 일하고 싶었지만 하나님은 그곳에서 여러 훈련을 받게 하셨다.

10장 | 귀신을 만나다

 새로 부임한 교회에서 신대원 학업을 병행하며 유년부를 맡아 일하였다. 어느 여름, 성경학교를 앞두고 다른 부서와 함께 교사 기도회를 갖기 위해 도봉산 근처의 기도원으로 갔다. 30명 정도 되는 유·초등부 교사들이 넓은 바위에 함께 앉아 기도에 힘썼다. 기도에 열중하고 있는 우리에게 어떤 젊은 남자가 와서 우리의 기도를 방해하였다. 기도하는 옆으로 지나가면서 흘긋흘긋 쳐다보며 시끄럽게 소리도 지르고 억지 찬송도 하면서 욕도 하였다. 아무리 봐도 귀신들린 사람이었다.
 우리 교사 가운데는 영적인 분들이 여러 명 있었다. 어떤 교사가 나에게 오더니 "전도사님, 저분 속에 있는 귀신을 우리가 한번 쫓아낼까요?" 하고 물었고 몇몇 사람이 동조하였다.
 그분들은 교사로 봉사하시는 집사나 권사인 분들로서 나보다 열 살 이상 많은 분들이었다. 비록 서른 살도 되지 않은 나였지만 그분들이 귀신을 쫓아내겠다고 나서는 판에 전도사인 내가 가만히 있을 수는 없었다.

한편으로는 그분들이 귀신을 쫓아내는 데 주도적인 일을 할 수 있다고 나를 믿어주는 것이 감사했다.

우리는 기도회를 멈추고 우리를 훼방하는 그 사람을 붙잡았다. 나는 그에게 기도를 해주겠다고 말했다. 아무래도 당신은 기도를 받아야 할 것 같다고 재차 말해주었다. 그는 예상과 달리 기도해달라고 쉽게 승낙하였다.

열 명 정도는 여름성경학교를 위해 개인적으로 계속 기도하고, 나머지 열 명은 기도원에 방 하나를 허락받아 그 사람을 위해 기도를 시작하였다. 나는 귀신들린 사람을 치료해본 경험이 없었다. 하지만 별 것 있을까… 하나님의 사람들이 기도하면 저까짓 것은 나갈 것이라고 생각했다.

나와 열 명의 교사는 통성 기도를 하며 악한 영은 나오라고 소리를 질렀다. 조금 지나자 그 사람에게서 반응이 나타났다. 지금까지 우리에게 잡다한 헛소리를 연신 해댔는데, 이제 힘을 잃고 잠잠해졌다. 그러고는 입에서 거품이 나왔다. 기도하던 우리는 기분이 고조되었다. 무엇인가 악한 영들이 몸에서 나온다는 느낌을 받았다.

물론 영들이 나가는 것은 보지 못했고, 영이 다 나가면 어떤 상태가 되는지도 알지 못했다. 어쨌든 이것은 성경에 나와 있는 일이고, 우리 아버지도 귀신을 쫓아내신 분이기 때문에 나도 가능할 것이라 생각했다. 그리고 무엇보다 우리는 기도의 일꾼들이었다.

두세 시간 정도 기도를 했을 때 여전히 거품은 나오고 있었지만 그의 몸이 온전하다고 볼 수는 없었다. 그리고 종종 '나간다'거나 알아듣기 힘든 이상한 말들을 하였다. 처음과 별 차도가 없었다.

새벽이 가까워지면서 우리는 조급해지기 시작하였다. 교회 새벽기도회에 참석해야 했기 때문이다. 우리는 서로 시계를 보며 어떻게 해야 할지 눈짓으로 사인을 보내고 있었는데, 누워서 헛소리를 하던 그 사람이 갑자기 우리에게 말을 걸었다. "너희들 내려갈 시간 됐잖아?" 하는 것이었다. 그 말을 들은 나는 가슴이 섬뜩하고 맥이 쭉 빠졌다.

그 사람 속에 있는 영이 우리의 상황을 정확하게 꿰뚫고 있었던 것이다. 우리가 합세하여 기도했을 때 약간의 충격은 받았지만 그 악한 영은 여전히 그 몸속에 있었던 것이다. 그 영은 우리 능력으로는 내보낼 수 없는 한 수 위의 세력이었다. 몇 시간 동안 10여 명이 기도한 보람도 없이 우리는 기도를 끝내고 내려왔다. 나는 두고두고 이 일이 마음에 걸려 나의 무능함을 한탄하였다. 나중에 나의 어머니도 아까운 일이라고 말씀하셨다. 누구나 다 귀신을 쫓아내는 것이 아니다.

귀신의 공격을 받다

강도사 고시가 코앞으로 다가오자 담임 목사님이 고시 준비를 위해 일주일 동안 휴가를 주셨다. 나는 경기도 광주에 있는 한 기도원에 머물면서 공부하였다. 시설이 그리 좋지는 않았다. 조그만 숙소가 여러 개 딸린 곳이었는데 첫 번째 숙소는 한 명이 기거하기에 적당하였다. 나는 숙소에서 혼자 기도도 하고 공부도 하였다.

비가 주룩주룩 오는 어느 저녁이었다. 그때 기도원에는 나 말고는 사람이 거의 없었다. 공부를 하다가 상을 옆에 놓은 채 나는 방문을 바라보고 잠시 누웠다. 시간이 조금 지났을 때 나는 이상한 현상을 보았다.

분명히 눈을 뜨고 방문을 보고 있었는데 도깨비 형상을 한 두 놈이 문을 열지도 않고 스르르 들어오는 것이었다. 시커먼 모습을 하고 있었는데 머리에는 뿔이 두 개 나 있었고, 동그란 눈에 크게 웃는 입 속으로 하얀 이가 드러났다. 나는 '이게 뭐지' 하는 마음으로 쳐다보고 있는데 그 중 한 놈이 내 목에 걸터앉는 것이었다. 그리고 또 한 놈은 내 가슴에 걸터앉았다. 그리고 그 놈들은 내 얼굴을 쳐다보며 계속 웃었다. 순간 내 몸이 마비되었다.

  5년 전 하나님의 임재를 체험하면서 내 온 몸이 마비되었었는데, 5년 후 이제는 악한 영이 내 목에 걸터앉으므로 마비가 되었던 것이다. 나는 몸뿐 아니라 손가락 하나도 움직일 수 없었다. 그야말로 전신마비 상태가 되었다. 더 큰 문제는 내 목에 걸터앉은 놈 때문에 숨을 쉴 수가 없었다.

  일 분, 이 분 시간이 지나면서 나는 숨을 쉴 수 없어 죽을 것만 같았다. 이러다가 죽을 수도 있다고 생각하니 너무 어이가 없었다. 목사가 돼보지도 못하고 죽는 것은 말도 되지 않았다. 이제껏 20년 가까이 오직 하나님의 종, 목사, 이것만 바라보고 살아왔는데 이렇게 허무하게 죽는다고 생각하니 그 허망함이 이루 말할 수가 없었다.

  아무리 "나사렛 예수의 이름으로"라고 말을 하려 해도 목이 눌려 말이 나오지 않았다. "악한 영은 물러가라"고 아무리 말하고 싶어도 입이 열리지 않고 소리도 나오지 않았다. 이러다 정말 죽는구나 하는 생각에 가슴이 미어졌다. 그러나 조금 더 시간이 지나자 눌린 목이 살짝 풀리는 느낌이 들면서 숨을 약간 쉴 수 있었다.

  나는 이때다 싶어 재빨리 "악한 영은 물러가라"고 소리를 냈는데 큰 소리도 아닌, 작고 미세한 소리가 간신히 입을 통해 새어 나왔다. 그랬더니 내 목을 누르고 있던 그놈의 손이 약간 풀어지면서 도깨비 두 놈이 동시에 내 몸에서 떨어져 일어서는 것이었다. 나는 또다시 소리쳤다. "나사렛 예수!" 이제는 목소리가 조금 커졌다. 그때 그 도깨비들은 뒤돌아서서 문도 열지 않은 채 밖으로 빠져나갔다.

  그놈들이 내 몸에서 일어나자마자 몸의 마비가 풀리고 정상이 되었다. 나는 벌떡 일어나서 방문을 열고 그놈들을 따라 나갔다. "이것들 어디 갔어?" 소리를 지르고 주변을 살펴보았지만 그놈들은 보이지 않았다. 나는 일순간 허탈해졌다. 밖은 캄캄했고 비만 부슬부슬 내리고 있었다. 방으로 들어온 나는 소리를 내어 펑펑 울었다.

  명색이 하나님을 만났고, 아버지가 기도원 원장이시며, 훌륭한 교수님께 신학을 배우고 졸업 후 목사가 되겠다는 내가 사탄에게 당하여 꼼짝 못하고 죽을 뻔했다는 사실이 너무나 부끄러웠기 때문이다.

  그때부터 나는 영적 체험에 대한 이야기를 할 때 두 가지를 말한다. 하나는 하나님의 임재를 체험하고 음성을 들었다는 행복한 이야기와, 사탄에게 공격을 받고 죽을 뻔했다는 부끄러운 이야기다. 물론 수십 년 동안 이 이야기를 듣고 믿어주는 사람은 거의 없었다.

11장 목회를 하다

교회를 개척하고 주님이 먹여주시다

나는 33살에 목사 안수를 받았다. 목사가 되기를 소원한 지 18년 만이었다. 안수를 받을 때 뜨거운 눈물이 너무 많이 흘러 눈을 제대로 뜰 수 없었다. 지난 세월 동안 목사로 잘 준비되었는지 자신을 돌아보았을 때 만족할 수 없었다. 부족함과 허물투성이인 내 자신을 볼 때 부끄러웠지만, 그렇다고 목사 외에는 아무것도 생각한 것이 없으니 부끄러움을 무릅쓰고 안수를 받았다. 내게는 이 길밖에 없었다.

안수를 받은 후 교회를 세우는 데 나는 가진 것이 아무것도 없었다. 그러나 지금까지 하나님이 나를 인도하신 것을 볼 때 목회도 주님이 인도하실 것을 확신하였다.

처음에 필요한 물질도 여러 성도들을 통하여 제공받았는데 그 중 특별히 기억나는 분이 있다. 어떤 자매가 교회를 나오기 시작하였는데 많은 물질로 주님께 봉사하였다. 그 자매는 얼마 지나지 않아 결혼을 하였고 슈퍼마켓을 혼자서 경영하였다. 그런데 그때부터 자매는 우리가 필요한 모든 생필품을 가져오는 것이었다.

우리는 생활에 필요한 상당 부분을 자매를 통해서 제공받았다. 우리 부부는 다른 사람들의 도움 없이 교회를 세워나가고 있었기에 더없이 고마운 일이었다. 우리는 자매에게 깊은 감사를 전했다.

그때 자매가 한 대답을 듣고 나는 여러 생각을 하게 되었다. '하나님께서 목사님을 도우라고 자신에게 말씀하셨다'는 것이었다. 슈퍼마켓을 하는 것도 우리에게 필요한 것을 채워주고 싶은 마음에서 시작한 것이라고 하였다.

그 말을 들은 나는 혼란스러웠다. 정말 이 자매에게 하나님이 그렇게 말씀하셨는지, 아니면 이상한 영에 사로잡혀 하는 행동인지, 아니면 그냥 혼자 생각에 그러는 것인지 나는 분별할 수 없었다.

나에게 필요를 채워주겠다고 매일 같이 물건을 날라다주는 사람은 하나님의 음성을 들었다는데, 물질을 공급받는 지도자는 하나님의 음성을 못 들었으니 도대체 이것이 무슨 상황인 것인가. 나는 이 문제로 날마다 번민하였다. 그러나 하나님은 일언반구 내게 말씀하시지 않았다.

어떤 때는 헌금을 하거나 물건을 가져오는 것이 지나치다싶어 그만 가져와도 된다고 사양하였다. 그래도 그녀는 계속 필요한 것을 가져다주었다. 어느 때인가 슈퍼마켓에 심방을 간 적이 있었는데 가게에 있는 물건보다 우리 집에 쌓여 있는 것이 더 많은 품목도 있었다. 나는 이것이 비정상적인 상황이라는 생각이 들었다. 그럼에도 그 공급은 일 년 이상 계속 되었고 목회 초년생인 우리에게는 큰 도움이 되었다.

옆 교회에 대한 환상을 보다

우리 교회 근처에 잘 아는 목사님이 목회하는 교회가 있었다. 일 년에 한두 번쯤은 가는 교회였기 때문에 관심이 있었다. 그 교회는 조금씩이지만 계속 성장하고 있었다.

어느 날 밤 나는 꿈을 꾸었는데 그 교회가 보였다. 교회의 십자가 탑이 보였는데 탑 위로 구렁이 같은 새빨간 뱀이 십자가를 감고 있는 것이었다. 나는 깜짝 놀라 꿈에서 깼지만, 목사님께 그 일을 말하지 못했다.

그 꿈의 의미가 무엇인지 확실하지는 않았지만 불길한 징조라고 생각되었다. 그런데 얼마 후 그 교회의 담임 목회자가 바뀌면서 잘 성장하던 교회는 얼마 지나지 않아 다른 교회와 통합되어 없어졌다. 교회에 출석하던 많은 성도들은 이사를 가거나 다른 교회로 옮겼다.

나는 시간이 지나면서 하나님이 나에게 앞으로 될 일을 환상으로 보여 주신 것이라고 믿게 되었다. 목회라는 것은 어차피 보이지 않는 하나님을 믿게 하는 것이고, 보이지 않는 사탄과 싸우는 것이기 때문에 그와 관련된 영적인 일들은 얼마든지 일어날 수 있는 것이다.

나는 여러 영적인 경험들을 많이 했기 때문에 이러한 환상도 하나님이 허락하신 것이라고 분명히 믿는다. 내 것을 인정한다면 다른 사람의 환상도 인정하는 것이 바른 태도라고 생각한다.

내가 사임할 것을 예언가에게 듣다

내가 30대 후반이 되었을 때 우리 교회는 성도 수가 80명 정도가 되었는데, 교회에 약간의 잡음이 생기면서 60여 명 정도가 예배에 참석하였다. 우리 교회는 나보다 나이가 많은 분들이 대부분이었기 때문에 영적 권위가 없다면 목회하기가 어려운 환경이었다. 나는 여러 가지 일로 영적 권위가 약해진 상태였다.

어느 주일 낮 예배 때였다. 30대의 젊은 자매가 당황한 기색으로 예배가 마치자마자 다가오더니 "목사님, 큰일났어요" 하고 말하는 것이었다.

예배가 끝나면 목사는 여러 성도들과 인사도 나누어야 하고 해야 할 일도 많은데 그 자매는 다른 사람들은 전혀 아랑곳없이 나를 붙잡고 계속 말을 하는 것이었다. 나는 무슨 큰일이 났는지 그녀의 말을 들어보았다.

나는 그 가정에 심방을 해본 적이 없었고, 그녀의 남편도 우리 교회에 나오지 않는데다 자매가 교회에서 어떤 직분도 맡고 있지 않았기 때문에 자매에 대해 별로 아는 것이 없었다. 단지 교양 있고 품위 있는 여성이라는 것밖에는. 그런데 그녀가 나에게 한 말은 충격적이었다.

"우리 남편이 말하기를 목사님께서 교회에 사표를 내신대요. 목사님, 사표를 내시면 어떻게 해요? 안 됩니다."

그녀는 울상을 지으면서 어쩔 줄 몰라 하며 나에게 말하였고, 절대 사표를 내지 말라고 만류하였다.

그녀는 내가 반신반의하며 믿지 않는 것 같아 보여서인지 자기 남편과 가족에 대해서 처음으로 설명하였다. 남편은 목사인데 강남에서 살다가 이쪽으로 이사를 왔고, 본인은 우리 교회를 선택하여 나오고 있지만 남편은 어느 교회에도 나가지 않고 집에서 기도만 하고 있다고 하였다. 자기가 생각할 때 남편은 정말 영적이라고 했다.

그런데 내 얼굴을 한 번도 본 적이 없는 남편이 며칠 전 "당신 나가는 교회의 목사님이 사표를 내시고 떠난다"고 말했다는 것이다. 자기는 남편의 말을 믿기 때문에 내가 사표를 내는 것은 확실하다고 했다. 나는 그녀의 교양과 품위를 생각할 때 그 말을 쉽게 무시할 수 없었다. 그러나 너무나 황당한 말이었기 때문에 웃으면서 대답했다.

"절대 그런 일은 없을 겁니다. 지금 목회가 약간 어렵기는 해도 사표를 낼 만한 상황은 아니지요."

그녀와의 대화는 여기서 끝났다.

나는 그 다음 월요일부터 정상적으로 목회 활동을 하였고 그녀의 말이 생각날 때마다 피식 웃었다. 그 주간에 나는 목회와 별도로 개인적으로 선교회를 조직하려던 중이었기 때문에 선교회 사무실을 보고 왔다. 함께 일할 몇 명의 멤버들과 이런저런 계획도 세웠다.

우리 선교회는 어떤 분이 사무실을 얻을 만한 큰돈을 헌금해주기로 약속을 받았기 때문에 활기찬 마음으로 일을 추진해나갔다. 선교회 회장으로 일해야 하는 나는 이런저런 계획을 세웠고, 그러다 토요일을 맞게 되었다.

선교회 후원과 관계되어 선약을 해두었던 어느 권사님을 만났다. 얼마 전 어떤 교회와 관계된 일을 해결하는 과정에서 내가 일처리를 하는 모습을 보시고 좋은 감정을 갖고 계셨기 때문에 나를 귀하게 여기고 계셨다. 나도 그것을 알고 있었기 때문에 내가 조직하는 선교회에 후원을 해달라고 요청할 수 있었다.

그분은 경제력과 함께 리더십이 있는 분이셨다. 그분은 30대 후반의 젊은 목사가 큰 계획을 가지고 선교회를 운영하려는 내 마음에 감동을 받아 도와주시려는 마음이 크셨다. 그런데 그분은 내게 생각지도 않았던 제안을 하셨다. 자신은 내가 주도하는 선교회에 후원을 많이 할 수 있는데, 아예 자신과 같이 일하는 것이 어떻겠느냐고 제안하였다. 그분의 남편이신 장로님은 큰 회사를 운영하고 있었는데 많은 땅과 큰 재산을 소유하고 있는 분이었다.

그분은 선교회 성격의 교회를 세웠고 낮 예배에 150명 정도가 출석하고 있었다. 그분이 내게 제안하기를 내가 그 교회를 맡아서 한다면 자신의 생각으로는 강북 지역에서 제일 큰 교회로 세울 수 있을 것이라고 했다. 그러고는 자신에게 그 정도의 재력이 있다고 하시는 것이었다. 그분은 큰 도로 바로 옆에 상당한 크기의 땅을 소유하고 있다고 자세히 말씀해주셨다.

솔직히 말해 60~70명 정도의 성도가 출석하는 교회의 담임 목사가 이런 제안을 받았을 때 쉽게 거절할 수 있을지 모르겠다. 나는 목사가 내 평생의 꿈이었고 진정으로 목사 같은 목사가 되고 싶었다. 단순히 큰 교회의 목사가 아니라 진짜 목사가 되고 싶었다. 그분의 제안을 듣고 그분이 나를 인정해주었다는 것이 감사하기도 하고, 목회의 큰 꿈을 이룰 수 있는 길이 보이는 것 같아 기뻤다.

나는 그분께 내가 세우려는 선교회와 현재 목회하는 교회를 사임하고 권사님이 원하시는 대로 할 수 있다고 대답하였다. 그렇지만 내가 개척한 교회로서 사임을 하려면 여러 해결해야 할 일들이 있다고 말씀드렸다. 하지만 권사님은 바로 내일인 주일에 사표를 내고 당장 월요일부터 오라고 하셨다. 그것이 하나님의 뜻이라고 하였다.

그것은 불가능한 일이었다. 담임 목사가 교회를 그만둘 때는 해결해야 할 일도 많고 여러 문제도 생기는 법이다. 나도 그 사실을 잘 알고 있었지만 권사님은 빨리 결단을 내릴 것을 촉구했다. 나는 긍정적으로 생각하고 교회에 가서 의논을 하겠다고 말하고는 집으로 돌아왔다. 바로 지난 주일날 내가 사표를 낼 것이라는 이야기를 들은 생각이 나면서 가슴이 철렁하였다.

나는 하나님의 음성을 듣지 못하고 있는데 한 쪽에서는 사표를 낸다는 하나님의 음성을 들었고, 또 다른 쪽에서는 자기네 교회로 오는 것이 하나님의 뜻이라고 하니 나는 당황하였다. 도대체 나의 정체는 무엇인가? 내가 영적 지도자이기는 한 건가? 훌륭한 목사가 되고 싶었는데 사실 나는 영적으로는 아무것도 아닌 사람인 것이었다. '왜 나만 하나님의 뜻을 모르는가.' 나는 혼란스러운 마음을 안고 집으로 돌아왔다.

그런데 사표를 낼까 말까를 고민하던 내게 사표를 내기로 결심하게 만든 일이 일어났다. 교회 문제로 여러 집사님들이 모여 대화를 나누고 있다는 소식을 아내로부터 들었다. 나는 목회자로서 강한 자존심이 있었기 때문에 그런 일이 내 마음에 조금도 용납되지 않았다. 나는 그때 아직도 30대 후반의 젊은이였다.

그날 밤 나는 강대상에서 기도로 밤을 새웠다. 결론은 사표를 내는 것이었다. 하나님의 음성도 듣지 못했고 어떤 응답도 없었다. 하지만 다른 사람들이 내가 사표를 낼 것을 보았고, 새 교회로 가는 것이 주님의 뜻이라고 하니 그렇게 믿는 수밖에 없었다. 하나님의 뜻이라는데 어느 목사가 감히 어길 수 있겠는가. 일의 결과가 어떻게 될지는 모르지만 주일 낮 예배가 끝나고 사표를 냈다. 성도들이 우왕좌왕하며 혼란에 빠졌고, 나를 여러 가지 말로 비난한 것은 당연한 일이었다. 극구 말리는 성도들도 있었다. 그러나 나는 그 다음 주일부터 새로운 교회에서 설교하게 되었다.

새로운 교회에서 기도에 힘쓰다

그 교회는 내게 살기에 좋은 사택을 준비해주었고, 내가 직접 운전을 하면 안 된다며 기사가 딸린 승용차를 마련해주어서 그 차로 심방을 다녔다. 성도들도 젊은 사람이 많았고 무엇 하나 부족함이 없었다. 나는 나를 이곳으로 인도한 권사님이 권유하시는 대로 대부분 따랐다.

그 교회에 간 지 몇 달 되지 않아 권사님은 나에게 40일 철야 기도를 하자고 제안하셨다. 구역장급의 성도들 20~30여 명이 밤마다 연속으로 40일을 기도하고는 또 새벽 기도를 인도하였다. 체력이 따라주지 않으면 결코 할 수 없는 일을 하나님께서 건강을 주심으로 감당할 수 있었다.

얼마 지나지 않아 권사님은 또다시 40일 철야를 하자고 제안하셨다. 그것이 교회를 위한 일이라고 말씀하셨다. 만일 내가 원하지 않으면 안 할 수도 있다고는 하셨지만, 그것이 빈말이라는 것은 삼척동자도 알 수 있는 태도였다.

　나는 원하지 않았지만 또 40일 철야 기도를 하였다. 밤새도록 기도하고 잠시 쉬고는 또 새벽 기도회를 인도하였다. 그리고 심방할 집은 왜 그리 많은지 내가 그 교회에 있으면서 휴식을 취한 날은 기억에 없을 정도다. 처음 개척한 교회에서는 물질적 어려움은 있었지만 교회 일로 혹사당한다는 생각은 한 적이 없다. 그런데 이제 물질은 풍부하지만 자유 시간은 거의 없고, 교회에서 밤낮으로 일하느라 정신이 하나도 없었다. 나는 생각지도 않게 혹독한 영적 훈련을 받았다. 목회가 이런 것이라고 한다면 평생 목회를 할 수 있을지 난감할 정도였다. 그런데 그런 기도회를 한 번 더 하였다. 나는 일 년 동안 세 번의 40일 철야를 인도하였다.

　그러던 어느 날 밤, 20여 명의 구역장들이 모여서 기도를 하고 있었는데 어떤 남자가 40대 여성을 등에 업고 교회 안으로 들어왔다. 내가 무슨 일이냐고 물었더니 '이 여성이 귀신이 들린 것으로 판단되는데 병원에 가는 것보다 교회로 오는 것이 맞다'고 생각했다고 하였다. 이 여성을 등에 업고 여러 교회를 가보았으나 문이 잠기고 불이 꺼져 있었는데 이 교회에 불이 켜져 있어서 무조건 들어왔다는 것이었다. 그러고는 내게 이 여성에게 있는 귀신을 쫓아달라고 부탁하였다.

　나는 그에게 두 사람이 어떤 관계냐고 물었다. 그 여성은 커피도 팔고 술도 파는 가게의 주인인데 자신과 잘 아는 사이라고 하였다. 자기는 교회에 다니는 집사이며 그 가게에 가끔 드나들었는데, 마침 자기와 차를 마시던 중 그녀가 이상한 소리를 내며 쓰러졌다고 했다. 때문에 책임감을 느끼고 자기 등에 업어 이곳으로 왔다고 하였다.

　그는 자기의 신분이 드러나는 것을 원치 않았고 그 여성을 나에게 맡겨놓고는 가버렸다. 나는 난감했다. 귀신들린 사람을 치유해본 적이 없기 때문이었다. 10년 전 전도사 시절 귀신을 쫓아내려고 애쓰다가 실패

한 후로는 이런 일을 만난 적이 없었다. 나는 그때의 일을 기억하며 또다시 아무런 소득 없이 끝나면 어떻게 하나 하는 생각이 스쳤다. 그러나 이제는 목사가 되었고, 용기 있는 여 전도사님과 권사님이 한번 해보자고 자신 있게 말하는 데 힘을 얻어 함께 사역하기 시작하였다.

그 여성을 눕힌 다음 20여 명이 둘러앉아 통성으로 기도하였다. 기도가 끝난 후 여 전도사님은 그 여성에게 계속 주기도문을 외우라고 하였다. 교회를 다녀본 적 없는 술 팔던 여인은 찬송가에 적혀 있는 주기도문을 눈을 껌벅껌벅 하면서 수도 없이 읽었다. 그녀는 몸을 비틀면서 무척 괴로워하였다. 하지만 우리의 지도대로 따랐다. 우리 중 일부는 두려움을 느낀 나머지 집에 간 사람도 있었지만, 20명 가까운 우리 기도 팀은 죽기 살기로 기도하였다. 새벽쯤 되었을 때 그녀의 정신이 거의 돌아왔다. 우리는 환호성을 질렀다.

그 여성은 자기는 술집을 하는 사람으로서 외로울 때면 도봉산에 많이 올라갔는데, 특별히 뒤편에 있는 유명한 절에 많이 갔다고 하였다. 그런데 어제 저녁 교회 다니는 집사님과 술을 마시는데 자신도 모르게 몸이 꼬이고 헛소리가 나왔다고 하였다.

자기는 예수를 모르지만 이렇게 치유를 받아 감사하다고 하였다. 나는 힘들게 철야를 하고 있었지만, 내가 주도하는 팀에서 첫 번째로 귀신들린 사람을 치료를 하게 되어 기뻤다. 아침이 되어 그 여성에게 우리가 잘 아는 기도원을 소개해주고 당분간 그곳에 가서 더 기도를 받으라고 하였다. 목회 일정이 바빠서 이 여성과 계속 시간을 보낼 수가 없었다. 일주일이 지난 후 그 여성은 완쾌되어서 우리 교회에 찾아와 감사 인사를 전하고 갔다.

연말이 가까워오자 내년도 교회 운영을 어떻게 할 것인지에 대해 의논할 부분이 많았는데, 장로님과 나 사이에 약간의 이견이 있었다. 지금 생각하면 그리 큰 문제가 아니었는데 마흔 살이 안 된 젊은 목사인 내게는 큰 부담으로 다가왔다. 거기에 어느 교회에나 있을 수 있는 약간의 잡음도 있었다. 그러나 그것은 별 문제가 아니었다. 어느 교회든 조그만 문제는 없을 수가 없다.

어느 날 나는 내 장래에 대해 중요한 결단을 해야 할 말을 들었다. 나를 그 교회에 초청하신 권사님과 대화를 나누게 되었다. 그분은 내게 "목사님은 우리 교회에 임시로 계시는 분이라고 기도를 많이 하시는 어떤 분이 말했다"고 전해주셨다.

그 권사님은 영적인 분이었고 하나님을 두려워하였다. 그분은 중요한 일이 있을 때마다 영적으로 조언을 받는 원장님이 계셨다. 권사님은 어느 누구의 말보다 그 신령한 기도원 원장님의 말씀을 따랐다. 그것은 원장님의 말이기 이전에 하나님의 뜻이라고 받아들이고 있었다.

그런데 자신이 존경하고 따르는 그 원장님이 내가 '그 교회에 임시로 거쳐 가는 목사'라고 하셨다는 것이었다. 그래서 나를 초청할 때에도 하나님의 뜻이라고 듣고 나를 불렀던 것이고, 지금 이 시점에서 나를 임시로 거쳐 가는 목사로 확신하고 계셨던 것이다. 권사님의 말을 듣자 나는 이 교회에 더 있을 이유가 없었다. 나 역시 하나님의 뜻이라고 하면 두려워하고 떠는 사람이기 때문이다.

나는 인간적인 이익 때문에 하나님의 계획과 뜻을 망치고 싶지 않았다. 그 신령한 원장님의 말이 사실이기를 바라고, 설령 사실이 아니더라도 그 말을 신뢰하는 권사님과 그 말을 들은 나는 더 이상 교회에서 일할 수 없었다. 그래서 나는 몇 주 안에 아무런 대책도 없이 주변의 만류를 뿌리치고 사표를 냈다. 많은 사람들이 내가 왜 사표를 내는지 나름대로 추측하고 수군수군했지만 솔직히 나는 하나님이 두려웠다. 옛날이나 지금이나 진정한 하나님의 사람은 어떤 자리에 연연하지 않는다고 생각한다. 이 세상은, 특히 교회는 하나님의 손에 있다. 물론 내가 직접 하나님의 뜻을 안 것이 아니고 다른 사람을 통해 알게 된 것이 슬프지만.

12장 기도원에서 일하다

내가 쉽게 사표를 낼 수 있었던 것은 사실 믿는 구석이 있었기 때문이다. 아버지는 지방에서 10년 동안 기도원을 하셨는데 연세가 일흔이 다 되셨다. 누군가 아버지의 뒤를 이어 기도원을 맡아야 했는데, 아버지가 내게 기도원에서 일하라고 언급하신 적은 없었다. 하지만 어머니는 내가 내려왔으면 좋겠다는 말씀을 여러 번 하셨다. 기도를 많이 하시는 어머니이시기에 하나님의 뜻을 아시는 분이라고 생각하니 그 말씀을 무시하기 어려웠다. 또 한편으로는 나이가 마흔 살이 되고 목회를 5년 동안 하고 나니 이제는 어느 정도 기도원 사역을 감당할 수 있을 거라는 생각도 들었다.

교회를 사임하고 얼마 후 나는 아버지의 기도원으로 내려가서 사역하였고 부원장이 되었다. 아버지가 새벽 예배를 인도하시고 나는 저녁 예배를 인도하였다. 내가 기도원에 간 후 기도원에는 할 일이 많아졌다. 교회로 사용하고 있던 건물을 리모델링하였고, 새로 숙소를 건축하였다.

또한 운동을 할 수 있는 넓은 공간을 만들었고, 여기저기에 나무를 심었다. 그리고 차도에서 우리 기도원으로 들어오는 비포장도로를 콘크리트로 포장하는 일을 하였다.

이 모든 일에 가능한 인부를 쓰지 않고 온 가족이 나서서 상당 부분을 감당하였다. 원래 일을 잘하지 못하는 내가 건축과 토목에 관련된 일들을 매일같이 한다는 것이 스스로 생각하기에도 놀라웠다. 교회사를 보면 수도사들은 기도와 더불어 노동이 필수였기 때문에 나는 이왕 기도원에 내려온 이상 수도사처럼 하자고 마음을 다잡고 열심히 일했다. 내가 일년 가까이 있는 동안 많은 사람들이 기도원에 찾아왔고 기도원은 좀 더 활기를 띠게 되었다.

나는 그동안 조그만 신학교에서 강의를 했었기 때문에 학기 중에 그만둘 수 없어서 일주일에 한 번씩 서울에 다녀왔다. 가끔 집회를 인도해 달라는 요청이 있어서 부흥회 강사로서도 일했다. 목회를 하는 동안에는 나를 영적으로 특별한 사람으로 생각하지 않는 것 같았는데 기도원에 온 이후 이상하게 많은 사람들이 나를 영적으로 실력 있는 사람으로 보며 중요한 일들을 의논하였다. 기도원에 내려온 지 불과 몇 달 되지 않은데다 영적 능력도 없었기 때문에 그들이 영적인 일을 상담할 때마다 나는 큰 부담을 느꼈다. 또 하나 깨달은 사실은 상당히 많은 성도들이 우리 기도원을 출입하고 있다는 것이었다.

우리 기도원에는 대부분 서울에서 온 사람들이 많았고, 이상하게도 신앙생활을 오래 하고 명문대를 나온 사람들이 대부분이었다. 서울에서 목회하는 동안 우리 교회에서 만나보기 힘들었던 유력한 분들도 기도원을 자주 방문하였다. 그리고 나를 대단한 사람으로 대했다. 그런 일들이 별로 기쁘지 않았다. 왜냐하면 지금까지 서울에서 목회했던 나로서는 그들이 출석하는 교회의 목회자 입장에서 생각하게 되었던 것이다.

만일 우리 교회 성도가 어느 기도원에 가서 그곳의 목사와 자신의 중요한 일을 의논하고 그들의 지도를 받고 행동한다면 담임 목사로서 참을 수 없는 치욕이라고 생각했기 때문이다. 그리고 바로 몇 달 전 내가 섬겼던 교회의 권사님이 어느 기도원 원장의 말을 듣고 내가 그 교회에 임시로 있는 목사라고 말했던 일이 연상되었다. 그 때문에 나는 그 교회를 떠났고 지금 이곳에서 힘들게 노동을 하며 지내고 있었던 것이다.

나는 담임 목사가 아닌 다른 사람의 말을 신뢰하고 행동하는 사람들에게 어떤 피해라도 생기지 않을까 마음이 편하지 않았다. 한편으로는 내가 영안이 열리지 않아서 그런지 몰라도 사람들이 '하나님의 뜻' 운운하면 이상하게 거부 반응이 들었다. 그들이 말하는 '하나님의 뜻'은 과연 어떻게 알게 된 것일까? 그리고 그 말은 사실인 것일까? 그것이 너무나 궁금하고 의심스러웠다. 그러나 그런 내 생각과 상관없이 나는 현재 이 기도원에서 성도들의 영적인 문제들을 해결해주어야 했다.

가끔씩 내가 이런 사역만 하면서 평생을 살 수 있을까 하는 생각이 들면 서글픔이 느껴지기도 했다. 나의 꿈은 서울의 번듯한 곳에서 멋지게 목회하는 것이었기 때문이다. 나는 서울에서 성장했기 때문에 서울이 가장 익숙했다. 가장 잘 아는 곳에서 목회하는 것이 아무래도 열매가 많을 것이라 생각했다.

어떤 때는 외국에 나가 공부를 해볼까 하는 철없는 생각도 했다. 당시 신학교 친구들 가운데는 상당수가 유학을 갔거나 다녀온 상태였다. 간혹 동창들로부터 "너는 뭐하고 있느냐?"는 말을 들을 때면 신경이 쓰였다. 물론 내가 외국에 나가 제대로 공부할 실력과 물질이 준비된 것도 아니었고, 그저 욕심에 불과한 이야기인 것이 사실이었다. 그런 학문적인 진보에 대한 내 마음을 완전히 정리하게 된 일이 일어났다.

기도원에서 몇 주 동안 기도하시던 서울 어느 교회의 남자 집사님이 있었다. 그는 한국 최고의 대학을 졸업하고 미국 대학의 공학박사학위를 땄으며, 미국의 유명한 연구소 연구원을 지낸 분이었다. 이제는 전문 경영인으로 스카우트되어 서울에서 한 기업의 CEO로 일하고 있었다. 그는 나에게 합동신학대학원을 나왔으니 더 이상 공부할 필요가 없을 것 같다고 말했다. 공부를 많이 한 그가 내게 공부를 더 할 필요가 없다고 조언하는 것이 의외라는 생각이 들었다.

사실 10여 년 전 신성교회에서 청년부를 지도했을 때도 명문대를 졸업하고 카이스트 연구원이었던 회장이 "주의 종은 학력이 중요하지 않다"고 내게 말한 적이 있었다.

지금 내 앞에 있는 집사님도 더 이상 공부가 필요하지 않으며 '영성을 쌓으라'는 의미의 말을 하고 있는 것이었다. 그러면서 미국에 있을 때 자기가 있던 연구소의 책임자는 석사 학위를 가지고 있었는데 박사 학위를 가진 수백 명의 연구원을 지도한다고 하였다. 그러므로 나도 영력을 쌓으면 학력이 문제가 아니며 얼마든지 큰일을 할 수 있다는 것이었다. 그런 면에서 내가 지금 기도원에서 생활하며 사역하는 것이 좋은 것이라고도 했다. 나는 그의 권면을 지금까지 잊지 않고 살고 있다. 지식도 중요하지만 목사에게는 영력이 중요하다. 그 말에 확신을 얻은 나는 공부를 많이 한 친구들 앞에서도 위축되지 않았다.

하지만 기도원에 그대로 머물러 있을 수는 없었다. 기도원 사역자로서 영적으로 준비되지도 않았고, 노동을 잘하지도 못하는 등 여러 모로 합당하지가 않았다. 이것은 전적으로 나의 문제였다. 한 가지 내가 기도원에서 실망한 것은 은사를 받으셨다는 우리 부모님의 생활이 내 기대에 미치지 못하시는 것이었다. 거룩하고 은혜롭고 인격적이고 무엇인가 좋은 것들은 다 가지고 있으셔야 할 것 같았는데, 내가 보기에 부모님의 삶은 그렇지 않았다.

나는 이런 상황 속에서 아버지와 갈등을 겪기도 했다. 어느 날 나는 어머니와 진지하게 의논하였다. 내가 다시 서울에 가서 목회를 하는 것이 좋을지, 아니면 힘들어도 이 기도원에서 계속 사역을 해야 할지 의견을 여쭈었다.

　어머니는 내가 서울에 올라가서 목회하기를 원한다고 하셨다. 나는 아무리 기도를 해도 하나님의 음성을 듣지 못했기 때문에 기도를 많이 하시는 어머니의 말을 하나님의 말씀으로 받았다. 나는 기도원에 올 때도 어머니의 조언을 따랐고 기도원을 떠날 때도 어머니의 의견을 신뢰하였다. 나는 영적으로 다른 사람을 의지하는 존재에 불과했다.

　다른 한편으로는 기도원에 출입하던 유력한 목사님이나 성도들이 젊고 실력 있는 내가 기도원에서 세월을 보내는 것이 아깝다고 말하며 내 마음에 도전을 주었다. 아내와 간단히 의논한 후 나는 며칠 안에 아무런 대책도 없이 서울로 올라왔다. 다른 가족은 몇 개월 더 그 곳에서 지낸 후에 서울로 올라올 수 있었다.

13장 영적 과도기

성도들에게 실망하다

그때까지 나는 7~8년을 목회하면서 하나님께도 실망하고 성도들에게도 실망하였다. 하나님께 실망한 것은 내가 어려서부터 그렇게 목사가 되기를 소원하고 하나님만 바라보고 살았는데 그때 내 상황은 하나님의 축복을 받았다고 말할 수 없었기 때문이다. 나이 마흔이 되었는데 누가 보아도 괜찮은 조건들은 그동안 내게 오래 머물지 못하고 다 떠났다.

나는 다시 40~50명 정도가 모이는 교회를 개척하였는데 성도들의 믿음과 행동이 너무나 어렸다. 이것은 이전 교회와 마찬가지였다. 가장 힘든 것은 성도들이 하나님을 바라보며 신앙생활을 하지 못하고 목회자를 보거나 다른 성도들을 지나치게 의식하는 것이었다. 기도와 헌신과 봉사의 이유가 하나님이어야 하는데 목사나 다른 성도들에게 칭찬과 관심을 받기 위한 것이 대부분이었다. 이것은 새 신자뿐 아니라 수십 년 동안 신앙생활을 한 사람들도 마찬가지였다. 나는 어려서부터 주변을 의식하기보다는 '하나님과 나'라는 구조 속에서 살았기 때문에 그런 성도들과 영적 조화가 잘 이루어지지 않았다.

그러므로 철저하게 하나님 중심이라면 나타나지 않을 일들이 인간적인 생각으로 말미암아 여러 문제들로 나타났다. 나는 서서히 성도들에게 실망해갔다. 원래 목회란 그런 것이라는 소리도 들었고, 적당히 성도들의 비위를 맞추면서 하는 것이 지혜로운 목회라는 말을 들었지만 내게는 목회에 대한 의문을 갖는 계기가 되었다. 한마디로 나는 '목회란 무엇인가'라는 문제부터 풀어야 했던 것이다. 나는 목회가 무엇인지에 대해 아주 많은 날들을 생각했다. 그리고 내가 어떤 식으로, 어떤 기준을 가지고 달려가야 할지도 결정을 하지 못했다. 보통의 목회자들이 하는 평범한 목회가 진정한 목회인지 확신이 서지 않았다. 그렇다고 뚜렷하게 이것이 목회이고 이렇게 해야 참 목회라고 말할 수도 없었다.

한번은 교회에서 부흥 강사를 초빙해 부흥회를 열었다. 강사는 성도들에게 원하는 사람에게 방언을 열어준다고 하면서 방언의 은사를 받고 싶은 사람은 나와서 줄을 서라고 하였다. 내가 깜짝 놀란 것은 성도들 거의 대부분이 줄을 선 것이었다. 그리고 강사가 지도하는 대로 방언을 하려고 애를 쓰면서 어설픈 방언을 하였다. 나는 보수 교단에 속해 있었지만 방언을 한 적도 있었고 그 은사는 인정했다. 하지만 성도들에게는 방언이 특별한 것이 아니라고 가르쳤었다. 그리고 방언하는 성도를 칭찬하거나 방언을 권장하지도 않았었다. 그런데 몇 년 동안의 내 가르침이 무색하리만큼 성도들의 가슴에는 은사에 대한 사모함이 있었고, 신비 체험을 하고 싶어 했던 것이다. 그 중에 하나가 방언이었던 셈이다.

나는 교단의 방향을 따르고 싶었지만, 그것은 우리 성도들이 나름대로 마음속 깊이 묻어둔 영적인 요구와는 맞지 않는다는 사실이 드러난 것이다. 이 간격을 어떤 식으로 메워야 할지 대책이 서지 않았다. 이러한 일들이 목회 전반에서 심심치 않게 드러났다. 나는 목회에 대한 원리를 상당 부분 잃어버렸다. 성경도 알고 신학도 아는데도 성도들을 확신 있게 인도하기가 어려웠다.

나는 40대 중반부터 50세가 될 때까지 약 5~6년 동안 목회보다는 외부 활동에 많은 시간을 할애하였다. 여러 차례 외국을 방문하고 노회에서도 열심히 일했으며, 총회에서도 여러 일들을 맡았다. 또한 신학교 동문회에서 일하는 것에도 보람을 느꼈다.

한목협 같은 교계의 여러 모임에 참여해 활동하고 유력한 목사님들과도 교제하였다. 그리고 수많은 교계 행사에 참여하였다. 목회보다 그런 일들에 힘쓴 것은 일반 성도들과 달리 목회자들은 영적 수준이 있기 때문에 그들과 동질감을 느끼고 싶어서였을 것이다. 한번 밖으로 발을 내딛자 쉽게 거둬들일 수가 없었다. 어쩌면 그곳에서 영적이든 육적이든 큰 만족을 얻었기 때문이었을 것이다.

나는 목회가 크게 성장하지 않았지만 그렇게 부담을 갖지는 않았다. 어차피 성도들에게, 그리고 하나님에게 실망했기 때문이었다. 그래서인지 조금 규모가 있는 교회에서 나에 대해 호감을 갖는다는 말을 듣고도 크게 마음이 움직이지 않았다. 그만큼 목회에 대한 상처가 깊어 있었다. 어떻게 보면 시간만 보내고 있었던 것인지도 모른다.

명문대 고시 준비생이 귀신들리다

그러던 중 내 자신에게 또다시 실망하는 일이 일어났다. 어느 날 사택에 있는데 권사님께 전화가 왔다. 교회 청년이 귀신이 들려서 교회 안에서 이상한 행동을 하고 있다고 하였다. 나는 급하게 교회로 달려갔다.

교회 안에 들어간 나는 너무도 황당한 장면을 목격하였다. 그 청년이 벌거벗은 채 교회 안을 돌아다니고 있었던 것이다. 큰 키에 잘생긴 그는 명문대 졸업반으로 고시를 준비하고 있던 중이었다. 그런 그가 벌거벗고 교회를 돌아다닌다는 것은 그 가족뿐 아니라 내게도 엄청난 충격이었다. 나는 그에게 정신을 차리고 빨리 옷을 입으라고 말했지만 그는 듣지 않았다. 더 큰 문제는 형의 행동을 제지하던 남동생도 형과 같이 횡설수설하기 시작하는 것이었다. 나는 어찌해야 할지 몰랐다. 문제는 여기서 끝나지 않았다. 아버지 집사님도 곧이어 조금씩 횡설수설하기 시작했다. 세 부자가 지금 교회 안에서 어두운 행동을 하고 있는 것이었다.

그런 일을 당하면서 나는 목사로서 아무것도 할 수 없다는 무력감에 빠졌다. 목사는 성도의 문제를 해결해주어야 한다. 무엇보다 영적인 문제가 발생하면 그것은 당연히 목사의 몫이다. 그런데 목사인 내가 양 떼를 돌보지 못하고 병들었을 때 치료하고 도와주지 못한다는 사실이 너무나 한심스러웠다. 문제가 일어난 이후로도 내게 책임이 있지만 문제가 발생하기 전에도 나는 사전에 방지했어야 했다. 나는 어찌할 바를 몰라 하다가 먼저 아직 상태가 심하지 않은 동생을 유아실로 인도하여 눕게 하였다. 그는 내 말에 따라주었고 나의 기도를 듣고는 가만히 누워 있었다. 그 다음 벌거벗은 형을 설득하여 옷을 입혔다. 한 시간 이상 설득과 기도와 강압적인 행동을 총동원하였다. 그렇게 하루가 지났다.

다음 날 아버지 집사님으로부터 빨리 집으로 와달라는 전화를 받았다. 나는 단숨에 달려갔다. 큰아들이 또 상태가 나빠져서 이번에는 아버지에게 물로 세례를 주고 있었다. 나는 그의 행동을 나무라며 야단쳤는데 너무 충격적인 것은 자기가 하나님이라고 말하는 것이었다. 나는 크게 나무랐다. 그는 또다시 이상한 말을 하기 시작했는데 부모의 허물과 죄를 들추어냈다. 그 내용이 사실인지 아닌지는 모르지만 가족 전체를 부끄럽게 만들고 있었다.

나는 지금까지 내 설교를 듣고 교회에서 신앙생활을 잘하던 멋진 청년이 이렇게 사탄에게 붙잡혀 사탄이 시키는 대로 한다는 사실이 너무나 기가 막혔고, 하나님과 사람 앞에 나 자신이 부끄러워 견딜 수가 없었다. 게다가 나는 그를 치료할 능력이 없었다. 그래서 집사님 부부와 의논하여 그들이 잘 알고 있는 기도원에 보내기로 하고 그를 데려다주었다. 그리고 나는 즉시 집으로 올라왔다.

다음 날 나는 권사님으로부터 이런저런 이야기를 들었다. 그 집사님 부부가 내게 크게 실망했다는 것이었다. 그들은 그동안 큰 교회를 다니다가 아들을 신학대학에 보내기 위하여 이 근처로 이사를 왔고, 여러 교회를 다녀본 후 내가 가장 영적이고 실력이 있는 것 같아 선택했는데 지금 보니 기대에 못 미친다는 것이었다.

그들은 자기 가정에 임한 악한 영의 역사를 담임 목사가 해결해주기 바랐던 것이다. 그러한 성도의 태도를 잘못했다고 말할 수 없다. 양 떼가 목자를 의지하는 것은 당연한 일이고 오히려 목회자인 내가 치료하겠다고 먼저 제의해야 했었다. 그들이 섭섭해 한다는 말에 나는 아무 할 말이 없었다.

그들이 겪은 여러 고난과 이야기가 있지만, 결론적으로 하나님의 은혜로 얼마 지나지 않아 그 청년뿐 아니라 가족 모두가 은혜롭게 회복되었다. 나의 공로는 1퍼센트도 없다. 나는 이 일을 두고두고 생각하면서 목사로서 무능력한 나를 자책하였다. 나는 목사도 아니다!

하나님이 나를 크게 쓰실 것을 성도에게서 듣다

한 교회에서 10년을 목회한 나는 어느덧 50세가 되었다. 목회를 잘하든 못하든 그래도 한 교회에서 10년은 해야 한다는 생각을 언제나 품고 있었다. 이제 또 다른 고민의 기로에 서게 되었다. 지금까지 해온 방법대로 앞으로도 평범하게 목회해야 할 것인가.

나는 젊었을 때 성령이 충만하였고 하나님도 만나고 귀신도 만났는데, 지금은 어떤 영적인 현상도 나타나지 않는 목사가 되었으니 내 모습이 말이 아니었다. 설령 영적인 사역을 한다 할지라도 보수적인 우리 교단의 정서를 볼 때 비판을 받을 것은 자명했기에 쉽게 영적인 일을 사모할 수도 없었다. 10년 가까이 외부에서 활동했기 때문에 나를 아는 사람들이 많아졌는데 이제 와서 영적인 것을 추구하며 비판받을 일을 한다는 것이 선뜻 내키지 않았다. 물론 영적인 것이 내게 회복되고 강하게 나타난다는 보장도 없었다. 진퇴양난이었다.

그런 상황 속에 있던 어느 날 한 여성도가 찾아왔다. 그분은 10년 전 내가 기도원에 있을 때 만났던 사람으로 우리 부모님과 좋은 관계를 유지하고 있었다. 또한 내가 영적으로 상당한 능력이 있다고 생각하고 있었다. 우리 교회에 여러 번 출석하기도 했는데, 나눌 중요한 이야기가 있다며 나를 찾아온 것이다. 그분의 말은 하나님께서 나를 '극동에서 제일 크게 쓰신다'고 말씀하셨다는 것이다. 그러므로 이 좁은 곳을 떠나 새로 개발되는 신도시에 가서 멋지게 목회를 하자고 제안하였다. 그분은 강남 쪽에 건축 중인 집도 있었고 과거에 대형 교회에서 중요한 일을 맡아 하기도 했었기 때문에 그 말을 무시할 수 없었다.

나는 그분에게 "왜 하나님은 내게 직접 크게 쓰신다거나 신도시에 가라는 말씀을 하지 않으시는 것이냐"고 물었다. 그분이 말하기를 "목사님은 요새 깊이 기도도 하지 않고 영적으로 메말랐기 때문에 하나님이 말씀하시지 않는 것"이라고 대답하였다. 그분이 말하기를 자신은 신도시에 있는 좋은 아파트에서 살고 있지만 거의 집에서 자지 않고 교회에서 기도한다고 하였다. 하루에 2시간밖에 기도하지 않는 목사가 밤새도록 기도하는 집사의 말을 감히 무시할 수 없었다. 그렇지만 우리나라에도 얼마나 유명한 목사님들이 많이 계신데 내가 극동에서 제일 큰 목사가 된

다니 보통 황당한 것이 아니었다. 나는 이것부터 미심쩍었기 때문에 다른 말도 믿기가 어려웠다.

또 하나 내게 비애감이 들었던 것은 왜 나의 일을 다른 사람의 입을 통해 들어야 하는 것인가 하는 점이었다. 이것은 내게 계속해서 풀리지 않는 수수께끼였다. 나는 혼자 해결할 능력이 없었기에 아버지와 어머니를 찾아가 또 의논드렸다. 아버지와 어머니는 며칠 전 하나님의 사인을 받았다면서 그 집사와 함께 신도시에서 일하는 것이 좋겠다고 말씀하셨다. 그리고 하나님이 환상 가운데 보여주신 것을 말씀해주셨는데 누구라도 새로운 교회와 사역을 시작하지 않을 수 없는 영광스러운 내용이었다. 그럼에도 '내가 새롭게 해야 할 사역이 그렇게 귀하다면 부모님과 이 사역을 제안한 사람은 모두 다 알고 있는데 왜 당사자인 나만 모르는 것일까?' 하는 생각은 떠나지 않았다.

나는 하나님이 내게 말씀하시지는 않았지만 중요한 분들을 통해 말씀하신 것으로 받아들이고 일을 결행하였다. 10년 동안 목회한 교회를 갑자기 사임하고 새로 개척하는 일은 쉽지 않았다. 여러 구설수도 따랐다. 그러나 용기를 내어 결단하고 행동하였다. 우리 가족은 아버지와 함께 72평 아파트의 사택에서 살게 되었다. 그 집은 당시 다른 사람의 명의로 되어 있었지만 교회가 사용하는 것으로 서로 합의가 되었다.

우리 개척 멤버 중에서 우리와 같은 평수에서 사는 가정이 세 가정 있었다. 그 외의 여러 유력한 사람들도 우리와 함께하였다. 우리는 기세등등하게 교회를 시작하였고, 교회를 지을 넓은 땅도 알아보았으며, 엄청난 규모의 선교 센터를 준비하기 위해 기도에 들어갔다. 그리고 주일마다 2만 평이 넘는 대지에 세워진 대학 캠퍼스와 그 옆에 붙어 있는 기업체의 연수원을 사겠다고 땅 밟기를 하였다.

만일 우리의 뜻이 이루어진다면 극동에서 제일은 몰라도 다섯 손가락

안에는 들 것이라고 생각하였다. 우리 교회는 그만큼 비전이 컸고 열정이 뜨거웠다. 나는 교회 안에서 최고 위치에 있는 지도자이면서도 다른 사람들이 깨달았다는 비전에 끌려가고 있었다. 분명히 내가 목사인데 '주님의 뜻을 안다'는 면에서는 늘 다른 사람보다 하수였다.

혼란에 빠지다

몇 달이 지나면서 푸른 꿈을 가지고 시작한 우리 교회는 물질적으로 곤경에 처했다. 나는 몇백만 원, 몇천만 원은 크게 생각하지 않았는데 그 정도는 고사하고 더 작은 돈을 구하지 못해 애를 먹었다. 나와 교회의 리더들은 이런 현상을 도무지 이해할 수가 없었다. 나는 다른 멤버들에게 문제가 있다고 생각하고 있었는데 가만히 보니 다른 사람들은 담임 목사인 내게 능력이 부족하다고 생각하는 것으로 보였다. 서로 신뢰해야 하는 상황이었지만 정반대의 방향으로 흘러가고 있었다.

우리는 임시라고 생각하고 좋은 지역에 상가 건물을 얻었는데 그 정도도 제대로 운영할 수 없는 처지가 되었다. 어려운 일들이 지연되고 얽혀가면서 나는 무엇인가 일이 어긋나고 있다는 생각이 들었다. 세상에 아무리 막히고 꼬인다 해도 내 나이가 이제 50이 넘었는데 이럴 수가 없었다. 분명히 하나님이 역사하시든, 사탄이 역사하든 무언가 강력한 힘이 우리 교회와 가정에 작용하고 있는 것이 분명하였다. 그 중에 하나가 부모님과의 관계였다.

나는 부모님과 급속하게 사이가 나빠졌다. 도대체 부모와 자식 간에 이렇게까지 악화될 수는 없었다. 분명히 하나님이든 사탄이든 역사하지 않는다면 도저히 있을 수 없는 불미스러운 일이 우리 집안에서 일어났다. 나는 아파트에서 아직도 추운 3월 1일에 쫓겨나오다시피 나오게 되었으며, 조그마한 농가 주택을 얻어 6개월 정도 살았다. 72평이나 되는 아파트에서 살다가 다 쓰러져 가는 농가에서 세 자녀와 함께 추운 날 기름도 때지 못하고 산다고 생각해보라.

　나는 불과 일 년이 되지 않는 시간 동안 수십 년 동안 겪을 법한 모든 험악한 일을 다 당하였다. 아내는 생활을 위해 일터에 나갈 수밖에 없었고 대학생인 딸은 아르바이트를 해야지만 학교에 겨우 다닐 수 있었다. 이런 심각한 고통에 처해 있었지만 어디에서도 영적으로나 물질적인 도움의 손길은 없었다. 이 세상에 혼자 버려진 기분이었다. 빠져나오기 힘든 함정에 깊이 빠져버린 것 같았다. 아니 이미 빠져 있었다. 나는 내 몸 하나 어떻게 해야 할지 몰랐다. 내가 계획하고 움직이고 행동할수록 더 깊은 수렁으로 들어가는 느낌이었다. 내 인생이 이렇게 끝나는가. 깊은 슬픔이 찾아왔다.

영의 눈이 열리다
SPIRITUAL EYES

3부
영적인 세계로 들어가다

14장 | 영적 순례

기도를 시작하다

가정과 교회를 생각하니 나는 가만히 앉아 있을 수가 없었다. 그래서 자주 다녔던 서울의 청계산 기도원으로 올라갔다. 어쨌거나 목사는 하나님께 해답을 찾아야 한다. 그곳은 아버지가 장기 금식을 하셨던 곳이고, 아버지가 기도원을 세우실 때 도움을 주었던 곳이었다. 우리 가족은 수십 년 동안 그 기도원과 가깝게 지냈다. 나는 거기에서 다시 기도를 시작할 수 있는 계기를 찾았다. 내가 머물던 좁은 방은 나와 다른 목사님이 함께 사용하였는데, 어느 날 그분이 결혼한 딸과 통화하는 소리를 듣게 되었다.

통화 내용은 목사님이 담임하고 있던 교회가 건물을 신축하려 하는데 그것이 하나님의 뜻인가 하는 것이었다. 딸은 아버지에게 교회를 신축하지 않는 것이 하나님의 뜻이라고 말했다. 그러고는 자식 대에 가서 다시 지어도 된다고 말씀하셨다는 것이었다. 오나가나 사람들은 '하나님의 뜻'

을 이야기하였다.

　통화가 끝나자 나는 궁금한 마음에 목사님과 이런저런 이야기를 나누게 되었다. 그분은 경기도 광주에서 목회하고 있었는데 교회가 하나님의 은혜 가운데 잘 성장하고 있다고 했다. 목사님의 영적 능력으로 성도들에게 존경을 받고 있었다. 이제는 새로 교회를 건축할 만큼 준비가 되었다고 하였다. 그러나 하나님께 여쭈어봐야지 인간이 원한다고 짓는 것이 아니라고 하였다.

　나는 호기심이 발동하여 하나님께 여쭈어보면 정말 하나님이 대답하시냐고 물었다. 목사님은 당연하다고 대답하였다. 나는 그동안 하나님의 뜻이라고 사람들이 내게 말할 때마다 손해를 보았다. 늘 하나님의 뜻이라고 해서 그것을 따라 행하면 피해를 보고 말았다. 지금도 그렇게 당하고 있던 중이었다.

　그러나 지금은 나의 일이 아닌 다른 사람과 관계된 하나님의 뜻을 알게 되니 부담 없이 들을 수 있었다. 나는 그분이 거두고 있는 목회의 열매가 좋았기 때문에 그분의 말도 신뢰할 수 있었다.

　나는 이왕 말이 나온 김에 은사에 대해서 물었다. 그분은 지금 생각하면 영적 지식이 많은 것은 아니었다. 그러나 간단한 도표를 그려주면서 친절하게 설명해주었다.

　그분의 말에 의하면 고린도전서 12장에 나오는 은사가 있고, 그것보다 한 단계 위가 하나님과 교통하는 은사라는 것이었다. 하나님과 교통하는 은사는 다른 은사를 받은 후 한 단계 올라가 도달할 수도 있지만, 다른 은사가 없이도 직접 하나님과 대화할 수 있는 은사를 받을 수도 있다고 하였다. 즉, 병을 고치거나 귀신을 쫓아내지는 못하지만 하나님과 대화할 수 있다는 것이었다.

　그것은 그렇게 깊은 내용은 아니었다. 나는 이미 수십 권의 성령론 서적을 읽은 터였다. 그렇지만 그 당시에는 그분의 간단한 설명만으로도 다시 기도하고 은사를 사모하는 마음이 불일 듯 일어났다. 좋은 스승을 만난 것이었다.

안 목사님을 만나 영적 순례를 하다

집으로 내려온 나는 평소에 알고 지내던 영적인 목사님을 만나 도움을 부탁하였다. 안 목사님은 영적인 은사를 받은 분이기에 나는 그분을 '영빨 목사'라고 부르고 있었다. 그분은 나의 그런 태도가 싫지 않아서인지 늘 웃음으로 받아주었다. 나는 하나님을 만나고 싶다고 말했다. 그리고 은사도 받고 싶다고 하였다. 그분은 나보다 한참 뒤에 목사 안수를 받았지만 영적인 은사를 받았기에 그분의 말을 따를 수밖에 없었다.

과거에 하나님도 만나고 사단의 공격도 받았으며 방언과 방언 찬송도 경험한 내가 무려 20년이 지난 시점에서 다시 영적인 목회자가 되기를 소원한다고 고백하고 있었다.

그분은 나에게 보수적인 신학교를 나온 장로교 목사가 무슨 은사냐고 놀리듯이 말하였으나 나의 진심을 알고는 영적인 자리로 인도해주었다. 그분은 은사를 받기 위해 10년 동안 여기저기 안 가본 곳 없이 찾아다녔다고 하였다. 기독교 관련 일간지를 보면 여러 은사 집회에 대한 광고가 나오는데 그분은 거기에 등장하는 은사자들을 상당수 파악하고 있었다. 영적 세계에 대한 정보가 놀랄 만큼 넓고 깊었다.

그분은 한 단계 한 단계 처음부터 출발하자고 하였다. 오늘은 어떤 기도원에 가서 어떤 강사의 설교와 은사를 체험하자고 하면서 동행해주었다. 며칠 지나서는 또 다른 강사를 만나기 위해 다른 기도원을 찾아갔다. 내가 그들의 영적인 사역을 인정하고 받아들이면 안 목사님은 기뻐하면서 또 다른 곳에 가서 새로운 강사와 사역을 접할 수 있도록 도와주었다.

우리는 6개월 가까이 영적 순례를 하였다. 나를 위하여 긴 시간 도와주신 안 목사님을 나는 결코 잊을 수 없다. 그분과 함께 다니면서 어떤 때는 뒤로 넘어지는 능력이 나타나는 체험도 하였고, 어느 때는 성령의 바람이 불어 서 있던 사람의 몸이 흔들리는 모습도 보았다. 어떤 때는 나를 보고 즉각적으로 예언을 하거나, 어떤 때는 감사헌금 봉투를 들고 기도하면서 예언을 하는 모습도 보았다. 어느 날은 영적 상담을 하는 곳에도 갔다. 나는 이런 영적인 장소에 그동안 한 번도 가본 적이 없었다. 그곳에서 체험한 일들은 사실 보수적인 교회에서는 믿지도 않을 뿐더러 기겁할 만한 내용들이었다.

특별히 우리는 많은 예언 사역자들의 예언을 받았다. 정말 놀라운 것은 안 목사님과 나는 항상 같이 옆에 있었기에 순서상 안 목사님 후에 내가 예언을 받았다. 그런데 국내외 유명한 예언가들의 예언이 모두 한결같았다.

안 목사님에게는 청년을 위하여 사역할 것과 하나님께서 속한 시일 내에 성전을 주신다고 예언하였다. 어느 누가 예언을 하든 모두가 같은 내용이었다. 그 예언은 정말 얼마 지나지 않아 그대로 되었다.

나에 대한 예언도 누가 하던지 내용이 같았다. 나에게는 하나님께서 새로운 은혜를 주실 것인데 가난하고 약하고 병든 자를 위해서 사역할 것이라고 예언하였다.

어떤 외국인 예언가는 나를 보더니 당신은 정말 귀한 사람이라고 말했다. 지금 환경이 막히고 다급하여 여기저기 쫓아다니는 사람을 존귀한 사람이라고 말할 때마다 나는 믿어지지 않았고 오히려 의아하게 생각하였다. 그러나 그들의 예언은 적중하였다.

영적 순례를 하면서 한번은 안 목사님의 인도를 받아 강화기도원에 가게 되었다. 그 원장님께 기도를 받으려면 산에 올라가서 1시간은 기도하고 내려와야 한다기에 우리 둘은 산꼭대기에 올라가서 목청을 높여 기도하였다. 원장님께 잘 보이려고 어떤 때는 원장님 숙소를 향하여 소리 높여 기도한 적도 있었다.

그분은 나에게 훌륭한 목사라고 말했고 고난을 이기면 하나님께서 은혜를 주실 거라고 예언하였다. 원장님과 함께 있던 권사님은 나중에 내가 영안이 열린 후 그곳에 인사차 방문했을 때 내가 기도원에 간 첫날 자신과 원장님이 나눈 이야기를 들려주셨다. 내가 원장님이 있는 쪽으로 오고 있을 때 원장님이 나를 쳐다보고는 "교만한 목사 하나가 올라온다. 그런데 하나님이 사랑하시는 종이다"라고 하셨다는 것이다. 원장님은 영적인 지도자였다.

나는 그 기도원의 철야 집회에 일주일에 한 번 참석하였다. 그 집회에서 나는 완전히 깨졌다. 지금까지는 영적 세계가 어떤 것인지를 순례했다고 한다면, 이곳은 나의 자아가 깨지게 된 장소이다. 기도회 때마다 나는 많은 회개를 하였다. 어떤 날은 감당할 수 없는 눈물과 통곡이 나와 기도회에 방해가 될 것 같아 밖으로 나와 울다가 수돗가에서 눈물을 닦고 다시 들어가기도 했다. 그러다가 또다시 울음이 터져 밖으로 나오곤 하였다. 나는 기도회를 마치고 돌아오는 승합차 안에서도 계속 눈물을 흘렸기 때문에 분위기가 숙연해질 때가 많았다. 그러나 눈물이 절제가 되지 않았다. 나이가 50이 넘은 목사가 이런 행동을 한다는 것이 부끄럽기도 했다.

어떤 때는 울고 있는 내게 낯선 목사님이 메모지를 한 장 건네주었는데, 거기에는 "겸손하라. 때가 되면 너를 높이시리라"고 쓰여 있었다. 그분은 기도를 많이 하시는 분이었기에 나는 그 말을 신뢰하였다.

어느 날 회개할 때는 내가 목회할 때 나와 갈등했던 분들의 얼굴이 한 컷씩 내 눈앞으로 지나갔다. 신기하게 그들의 모습이 내 앞에 나타났다.

나는 환상 속에 나타난 한 사람 한 사람에게 미안하다고 말했다. "나를 용서해주세요."

나와 갈등을 겪은 사람들이 계속해서 내 앞을 지나갔고 나는 똑같은 말을 반복하였다. 어느 때는 목사님이 지나가시고 어느 때는 장로님이, 어느 때는 집사님이 지나갔다. 뒤이어 주일학교 학생들도 줄을 지어 한 컷 한 컷 내 앞을 지나갔다. 나는 계속 죄송하다고 하였다.

회개를 하면서 내가 정말 교만하고 죄인인 것을 알았다. 도대체 무슨 죄를 이렇게 많이 지었는지 고개를 들 수 없었다. 나는 날마다 울었다. 날마다 울고 있는 나를 보면서 원장님은 속 불이 탄다고 하였다. 바깥 불보다 속 불이 더 귀하다며 부연설명을 하셨다. 아마도 바깥 불은 기도하다 몸이 불덩어리처럼 뜨거워지는 것을 말하고, 속 불은 깊이 회개하는 것을 가리킨다고 생각되었다. 사실 내 몸은 그리 뜨거워지지 않았다.

나는 6개월간 거의 집에 들어가지 않았다. 영적 집회에 참석하거나 기도회에 다녀오면 며칠씩 교회에서 회개만 하였다. 책이나 신문도 거의 보지 않았고, TV를 볼 시간도 없었다. 핸드폰도 끊었고, 기도할 때는 교회 전화 코드도 뽑았다. 그러고는 교회 문을 잠그고 매일 울었다. 이렇게 내가 두문불출하고 있었기에 친구들이 찾아와 교회 문을 두드렸지만 나는 문을 열어주지 않았다. 기도를 하다보면 식사 시간이 금방 돌아왔다. 나는 밥 먹는 것조차 주님 앞에 죄송하였다. 죄인이 무슨 식사를 꼬박꼬박 찾아서 먹는가. 그런 자책감에 제대로 된 식사는 엄두도 못 내고 사무실 구석에서 대부분 라면을 끓여 먹었다.

반찬이 떨어지면 교회 밖의 다른 사무실 앞에 가 점심 식사를 시켜 먹고 남은 그릇을 살폈는데, 그러면 틀림없이 남은 밥이나 반찬이 있었기에 그것을 가져와 먹었다. 그런 날이면 이유를 모르는 눈물이 흘렀다. 나는 어려서부터 지금까지 굶어본 적이 없었지만 지금 그 고행을 하고 있는 것이었다. 또한 죄인이라도 귀한 음식을 먹을 수 있는 것에 감사했다. 나는 정말이지 음식이 얼마나 소중한 것인지 새삼 깨달았다.

나는 계속 기도했고, 영적 순례도 멈추지 않았다. 자연히 기도하기 원하고 은혜받기 원하는 목회자들을 만나게 되었다. 그리고 서로 한마음으로 모여서 기도하기 시작하였고 교회마다 돌아가면서 집회도 하였다. 그야말로 열정적으로 주님을 사모하였다. 이렇게 목회자들이 기도하고 은사를 받기 위해 모인 적은 내가 목회를 시작한 후 처음 경험하는 일이었다. 그러므로 기대도 컸고 모임이 소중했다. 이런 모임이 진작 있었더라면 얼마나 좋았을까 하는 생각도 많이 들었다.

내게 새로운 현상이 나타났다. 내 입에서 자연스럽게 방언이 터져 나오고, 사람을 보면 자연스럽게 그에 대한 할 말이 생각나고 기도해주고 싶은 말이 생각났다. 이 기도는 예언적 성격을 띠었다. 지금까지 경험해 보지 못한 영적 현상이 나에게 계속 나타났다.

교회에서 잠을 잘 때에도 영적인 꿈을 많이 꾸었다. 어떤 때는 내가 양팔로 안을 수도 없을 만큼 큰 용이 나타났는데 그 용과 싸우기도 하였다. 하루에 10시간 이상 기도하는 것은 보통이었고, 15시간 이상 기도하는 날도 허다하였다. 지난날 어떤 훌륭한 목사님이 하루 10시간 이상 기도하신다고 했을 때 '어떻게 바쁜 목사가 그렇게 할 수 있을까' 이해가 되지 않았는데 어느 날부터인가 내가 그렇게 하고 있는 것이었다. 나는 그야말로 아무것도 하지 않고 주님만 바라보았다.

나는 안 목사님의 인도로 또 다른 영적 사역을 받게 되었다. 내 몸에 있는 악한 영을 내보내는 사역이었다. 인천의 김 목사님은 유명한 축귀 사역자였다. 그분은 기독교 계통 TV에서도 강의하고 사역이 중계되기도 했다. 나는 목사 속에 그리고 내 속에 악한 영이 있다는 것이 정말이지 생소하였지만, 지금까지의 영적 순례에서 큰 은혜를 체험했기 때문에 영적 사역자나 영적 현상이 기독교 안에 있다고 믿고 사역을 받았다. 내가 사역을 받기 위해 누웠을 때 김 목사님은 나의 두 눈을 그의 엄지손가락으로 누르고 불을 넣었다. 내 몸이 뜨거워지기 시작하였다.

나는 50세가 넘도록 이런 불이 내 몸에 들어오는 체험을 한 적이 없었다. 나는 너무 뜨거워서 "앗, 뜨거워!" 하고 외쳤다. 그리고 몸이 너무 뜨거워서 숨을 헐떡거렸다. 그분의 손을 통하여 이렇게 내 몸에 불이 들어오는 것이 놀라웠다. 잠시 후 그분은 내 겨드랑이를 손가락으로 누르더니 악한 영이 있다고 하였다. 그분은 내 몸 이곳저곳을 누르기도 하고 살짝 두드리기도 하였다. 그때마다 나는 큰 통증을 느껴 아프다고 소리를 질렀다.

김 목사님의 말에 의하면 자기가 마음먹고 사역을 해준 사람이 많지 않은데 나는 자기가 마음껏 사역해주는 거라고 하였다. 30~40분 정도 사역을 받고 일어나는데 몸이 휘청거렸다. 그것은 악한 영이 나왔기 때문이라고 사람들이 말해주었다.

나는 지금까지 목사가 성도들을 기도해주거나 사역해주는 줄로만 알았지 목사도 사역을 받아야 한다는 것은 꿈에도 생각해보지 못했었다. 더구나 내 몸에 있는 것이 악한 영이었고, 그 영을 뽑아낸다고 하니 반신반의했었다. 그러나 이 사역을 통하여 영적 현상을 몸으로 체험하였다.

김 목사님은 20~30명이 있는 자리에서 한 사람 한 사람 치유 사역을 했는데, 어떤 자매는 계속 헛소리를 하고 악령이 그 자매의 입을 통해서 말했다. 나는 귀신이든 악한 영이든 사람의 몸에서 어두운 세력을 내보낸다고 하는 것에 큰 매력을 느꼈다. 우리 아버지도 이런 사역을 하셨지만 나보다도 젊은 목회자가 축귀 사역을 한다는 것이 신선하고 귀하게 여겨졌다.

나는 우리 가족과 성도들과 친척들이 생각났다. 그들도 악한 영을 몸에서 쫓아내고 회복이 되기를 바랐다. 나는 수십 명의 사람들을 권고하여 그 목사님께 사역을 받게 하였다.

　나는 열 번 정도 목사님이 사역하는 곳에 갔고, 갈 때마다 4~5시간씩 지켜보면서 영적 현상을 살펴보았다. 나는 여러 영적 지식을 얻었다. 거의 대부분 처음 아는 것이었다. 내가 궁금했던 것은 영들이 사람 몸에 들어왔다고 말하고 나갔다고 말하는데 도대체 악한 영이 어떻게 생겼으며 몇 마리나 되는지 궁금하였다. 그러나 시원한 답을 얻지는 못하였다. 안 목사님의 인도로 지금까지 예언이나 넘어짐 같은 것을 체험했다고 하면, 김 목사님을 통해서는 축귀 사역에 대한 생생한 모습을 보았다.

김 목사님과 사모님을 만나다

　나는 건강을 위해 몇몇 기도회 회원과 새벽 기도회를 마치고 아침 운동을 시작하였다. 어느 무더운 여름날 벤치에 앉아 쉬면서 어느 목사님과 대화를 나누게 되었다. 그분은 나보다 10살 정도 아래였는데, 일 년 전 불미스러운 일로 억울하게 교회를 사임한 후 쉬고 있다고 자기를 소개하였다.

　나는 김 목사님에게 "목회를 하다보면 별일이 다 있을 수 있으니 낙심하지 말라"고 용기를 주었다. 사실 나도 가정과 목회가 어려움에 봉착했기 때문에 기도를 시작한 것이므로 내 처지를 생각하며 격려하는 의미로 말해주었다. 그리고 그분에게 내가 참여하고 있는 기도 모임의 목사님들은 은사를 사모하고 있다는 이야기를 들려주었다. 김 목사님은 은사 이야기를 하자 관심 있게 내 이야기를 들었다.

　나는 김 목사님을 우리 기도회에 참여시키고 싶었고 여러 말로 권고하였다. 내가 자주 가는 기도원에 함께 갔으며 영적으로 신령한 분을 찾아가 기도를 받도록 인도하였다. 그분은 내 권고를 잘 받아들이고는 잘 따라왔다. 그리고 목사님들의 기도회에도 종종 참석하였다.

어느 날 김 목사님은 함께 갈 곳이 있다고 하면서 나를 충청도 어느 치유전문 센터로 인도하였다. 알고보니 그분은 그곳의 교수였는데, 거기서 그분이 강의하는 내용을 들을 수 있었다. 주된 강의 내용은 '보좌 앞으로 나가는 길'이었다. 그런데 그 수준이 내가 지금까지 찾아다녔던 그 모든 영성과 은사를 다 합해도 따라갈 수 없는 깊은 것이었다. 나는 깜짝 놀라 눈이 번쩍 떠졌고, 그런 대단한 분을 격려하며 은혜를 받게 한답시고 여기저기 끌고다닌 실수를 한 것 같았다.

김 목사님은 자신을 신뢰하는 내게 조용히 말했다. 먼저는 감사의 말이었다. 다른 목회자들은 대부분 자기를 이상한 사람으로 또는 영적으로 의심이 있는 사람으로 보고 있었는데 자기를 가까이 대해주는 것에 감사하다고 하였다. 아닌 게 아니라 다른 목회자들은 그분을 가까이 하려 하지 않았다. 또 하나는 은사를 받는 문제였다.

김 목사님은 나에 대해 말하기를 나는 영적 준비가 다 되었는데 더 이상 성장을 하지 못하고 있다고 하였다. 현재 내게 나타나는 은사들이 있지만 그것과 비교할 수 없는 수준도 있다고 하였다. 그러면서 나를 영적으로 훈련시키고 싶다고 제안하였다. 그런 제안은 주변의 어떤 목회자에게도 하지 않았고 오직 나에게만 하는 것이라고 하였는데 그것은 사실이었다. 영적 훈련을 하는 그곳에는 내가 알고 있는 사람이 아무도 없었다. 나는 김 목사님이 영적으로 수준이 있다는 것을 알았기 때문에 안 목사님께 더 이상 여기저기 찾아다닐 필요 없이 지금 단계에서는 김 목사님에게 훈련을 받는 것이 옳은 것 같다고 말했다. 나는 흔쾌히 감사한 마음으로 제안을 받아들이고 시간을 끌 것도 없이 며칠 만에 그분이 훈련하는 가정집으로 찾아갔다.

나에 대한 첫 번째 사역은 환상으로 나를 분석하는 것이었다. 김 목사님의 사모님은 나에 대한 예언을 환상으로 보면서 설명해주었다. 내가 강을 건너는데 옛날 다리로 건너면 상당히 힘이 들 것이지만, 위쪽에 새로운 다리가 건설되는데 그 다리는 튼튼하므로 새로운 다리를 선택하라는 것이었다. 앞으로 주님이 준비해주시는 새로운 사역의 길을 가라는 뜻이었다. 이 내용은 내가 지금까지 수도 없이 들은 예언의 종결이었다.

  그곳에 있던 영안이 깊이 열린 어떤 사역자는 또 다른 사역을 해주었는데 내가 하나님 나라에서는 장관급이라고 말하였다. 그리고 자기가 본 사람 중에 천국에서 나의 신분이 가장 높다고 하였다. 이것은 손뼉을 치고 춤을 출 만큼 기쁜 내용이었다. 그러나 지금 곤경에 처해 있는 나를 생각하면 그리고 은사를 받을 수준이 지금 내 앞에 있는 사역자들과 비교도 할 수 없을 만큼 낮은 차원이었기 때문에 그런 칭송의 말이 실감이 나지 않았다. 하지만 그동안 그와 비슷한 말을 많이 들었기 때문에 편안하게 받아들일 수 있었다.

15장 영안이 열리다

나는 거기에서 또다시 회개하였다. 십계명에 근거하여 이방신을 섬긴 죄를 회개하였는데, 이러한 내용들은 성경에 다 나와 있는 것이기 때문에 의심 없이 열심히 회개하였다. 구약시대가 끝나고 신약시대라고 해서 우상숭배의 죄가 없어지는 것이 아니기 때문이다.

며칠 되지 않아 목사님 부부는 나의 영안이 열리기 위하여 기도한다고 하면서 통성 기도도 하고 안수도 하였다. 7~8명 정도 되는 사람들이 나를 위해 기도해주었다. 마지막으로 김 목사님이 내 머리에 안수하고 기도를 끝마쳤다. 보통 기도를 받는 형식에서 벗어나지 않는 평범한 기도였다. 그러나 하나님께서 은혜를 주셨다고 말해주었다.

심령이 보이다

나를 위한 기도가 끝난 후 목사님은 여집사님 한 분에게 서 있으라고 하더니 나에게 두 눈을 감고 집사님의 심령을 보라고 하였다. 나는 무슨 말인지 이해할 수 없었지만 그저 눈을 감고 성도의 가슴을 보았다. 그곳에 심령이 있겠지 하는 막연한 마음이었다. 그런데 전혀 생각하지 못한 현상을 보게 되었다. 가슴에서 그릇 비슷한 것이 보이는데 그릇 속에는 시커먼 색의 물이 있었고 그 물이 요동치더니 밑으로 싹 빠져 내려갔다. 그러고는 물기 없는 빈 그릇이 되는 환상이 보였다. 나는 본 것을 모든 사람이 듣는 자리에서 이야기하였다. 김 목사님은 잘했다고 하면서, 내가 본 환상의 뜻은 심령이 혼탁하다는 것이고 이마저도 다 새어나가 지금은 메마른 상태라는 뜻이었다. 어쨌든 사람의 가슴에 물그릇이 있다는 자체가 놀라운 일이었다.

악한 세력들이 보이다

김 목사님은 계속해서 집사님의 뇌를 보라고 하였다. 나는 어떻게 머릿속에 있는 집사님의 뇌를 볼 수 있을까 생각하면서도 말하는 대로 했더니 정말 뇌가 보였는데 거기에 이상한 것들이 감겨 있었다. 내가 그 상황을 이야기했더니 자세히 설명해보라고 했다. 나는 눈을 감은 채로 뇌를 보면서 실 같은 것이 감겨 있기도 하고, 어느 것은 뱀 같은 것이 보이는데 그 모양들이 각각 다르다고 이야기하였다.

김 목사님은 상당히 기뻐하면서 그것들은 악한 영인데 어떤 계열인지를 주님께 여쭈어보라고 하였다. 나는 지금까지 주님께 무엇을 여쭈어본 일이 없었고 대화를 나눈 적이 없었다. 나는 이것이 내 믿음 생활에서 가장 취약한 부분이며 상처였다. 그동안 나는 이런 영적인 부분에 대해 정말 무지한 삶을 살아왔었다.

큰 부담을 느끼면서 내가 과연 주님의 음성을 듣는다거나, 묻고 대답을 얻을 수 있을까 생각하며 그 영들을 보고 있는데 어떤 영들의 세력들의 모양이 갑자기 꽃으로 보였다. 큰 꽃도 보이고 어떤 것은 가느다란 가지 끝에 조그마한 꽃송이가 달린 것도 보였다. 그런데 그것을 보는 순간 이것은 무당의 영이라는 생각이 떠올랐다.

분명한 이유는 모르지만 그것은 무당의 영이었다. 꽃은 무당의 영이라고 나는 한번도 들어본 적이 없었다. 그러나 내 마음과 머릿속에서는 무당의 영이라고 말하고 있었다. 아마도 무당은 꽃을 좋아하고 특히 조화를 많이 사용해서 세력을 주님께서 그 모양으로 보여주신다고 생각했다. 후에 나는 수천 명을 사역하면서 모든 사람에게 이런 모양을 보았다. 뿐만 아니라 내가 본 것이 확실한지 실험하기 위하여 그 꽃모양의 영을 보면서 무당의 영은 나오라고 하였는데 그러면 그 영이 움직이면서 빠져나오는 것이었다. 나는 이런 실험과 경험을 수만 번 해보았기에 확신할 수 있다. 그에게 무당과 관계된 영이 들어온 것이었다.

또한 어떤 영을 보았는데 그 악한 형태는 그대로 있는데 영은 갑자기 초로 보였다. 큰 초도 있고 작은 초도 있었다. 불이 켜진 초도 있었고 불이 꺼진 초도 있었다. 나는 이런 현상을 처음 보았다. 그런데 내 머리와 마음에서 그것은 제사 세력이라고 말하고 있었다. 초는 제사와 직접 연결된다. 제사를 지낼 때 초를 켜놓는데 그 모양을 하고 있었다. 무당의 영인 꽃을 쫓아내는 것과 같이 수만 번의 사역을 하면서 이것이 제사 세력인 것이 확실했다. 제사와 관계된 영이 그에게 들어온 것이다. 제사를 지내면 그런 영들이 사람에게 들어온다.

또한 동그란 고리와 같은 세력이 보였다. 이것은 향을 피우는 그릇의 모양이 단순화된 형태였는데, 우상 세력이라고 마음과 머리에서 말하고 있었다.

김 목사님은 내게 다른 사람의 머리에 있는 세력을 그림으로 그려보라고 하였다. 내가 이곳에 훈련을 받기 위해 왔을 때 무슨 세력이 있다고 설명하며 세력이나 꽃, 초, 향로를 그려준 적이 없었기 때문에 나는 어떻게 그려야 하는지 몰랐다. 그저 내 눈에 보이는 모습대로 즉각적으로 그렸다. 그러고는 그 자리에 있는 모든 사람의 머리뿐 아니라 온 몸에 있는 세력을 그림으로 그려주었다. 사실 내 눈앞에 환상으로 나타나는 것들을 눈으로 보고 그림으로 옮기는 것은 어려운 일이 아니었다. 내가 그렇게 그린 그림은 그곳에 있던 사람들에게 대환영을 받았고, 그것을 받아본 사람들은 악한 영의 정체에 놀라워하였다.

그런데 갑자기 나에게 이런저런 것을 시도해보라고 지도해주신 김 목사님이 내 앞에 무릎을 꿇었다. 그러고는 자신의 머리에 안수를 해달라고 요청하였다. 나는 너무 놀라고 당황스러웠다. 지금까지 내가 그분의 강의를 듣고 사모님의 환상을 통해 예언 사역을 받으면서 나는 이분들을 세계 최고 수준의 사역자라고 생각하고 존경하였다. 이런 수준 있는 사역자는 지금껏 만나보지 못했었다. 나는 하나님과 가까운 그분들이 존경스러웠고 대화만 나누어도 가슴이 떨렸다.

앞에서 말했듯 김 목사님은 나보다 10살 가까이 아래였다. 그러나 나는 전혀 신경 쓰지 않고 그분들을 존경하였기 때문에 그분들이 지도하는 대로 따르고 있었다. 그런데 그런 존경하는 분이 나에게 무릎을 꿇고 갑자기 안수를 해달라고 하니 그럴 수 없다고 했다. 김 목사님은 무슨 말이냐고 하면서 안수할 것을 권고하였다. 나는 하는 수 없이 그분의 머리에 손을 얹고 축복 기도를 하였다. 존경하였기에 진심으로 축복하였다. 그분은 안수를 받으면서 몸을 심하게 움직이는 등 열정적으로 기도하고 은혜를 사모하였다.

기도가 끝나자 그 다음에는 나에게 환상 사역을 해주신 사모님이 무릎을 꿇으셨다. 역시 똑같이 축복 기도를 해드렸다. 기도가 끝나자 그 자리에 있던 다른 사역자들도 한 사람 한 사람 나에게 와서 무릎을 꿇고 기도를 받았다. 김 목사님으로부터 시작하여 모든 이들이 아주 간절하고도 애타는 마음으로 나의 축복 기도를 받았다. 나는 영적으로 충만해 있는 상태였기 때문에 강하게 기도했음은 물론이다. 나는 급작스럽게 벌어진 이 상황을 잘 이해하지 못한 채 어리둥절해했다.

　나중에 안 일이지만 내가 그때 보는 것 같이 뇌 속에 있는 세력이나 몸에 있는 세력을 그렇게 정확하게 보는 사람이 그들이나 훈련생 가운데도 없었고, 나와 같이 영안이 열린 사람을 보았거나 있다는 말을 듣지 못했기 때문이라고 하였다. 나도 역시 지금까지 8년 가까이 사역하면서 악한 세력을 자세하게 보는 사람이 있다는 말을 들어보지 못하였다.

　세력을 보는 것은 영분별의 은사를 받았기 때문이고, 환상을 본 것은 지혜의 말씀과 지식의 말씀의 은사 때문이었다. 나는 회개한 후에 기도 받았던 그 시간에 이러한 은사가 강하게 나타났던 것이다. 이처럼 영분별의 은사를 내가 강하게 받았기 때문에 그 자리에 있던 사람들은 충격을 받았다. 김 목사님은 그 다음 날부터 나에게 몸에 있는 세력을 보이는 대로 그림을 그려보라고 하였다. 나는 하루에 평균 10명 정도의 사람을 만나 세력을 보고 그림을 그렸다. 눈에 보이는 대로 세력을 그리는 것은 전혀 어렵지 않았다. 큰 세력이든 아주 작은 세력이든 그리고 어떤 형태로 몸에 있든 거침없이 그리기 시작하였다.

　거기에 오는 사람들은 자신의 몸에 있는 세력이 그려진 그림을 보고 무척 좋아하였고, 그것은 악한 영의 존재를 확인할 수 있는 것이었기 때문에 회개의 재료로써 큰 도움이 되었다. 그곳에서 훈련받는 사람들은 나를 부러워하였다. 목사님은 정식으로 사례비를 줄 테니 사역자가 되어 달라고 요청하셔서 훈련을 받으러 온 지 열흘밖에 되지 않아 나는 사역자가 되었다. 김 목사님 부부의 영적 능력과 나의 사역이 합해지면서 빛을 발하여 영적으로 갈급한 사람들이 찾아오는 숫자가 늘어났다. 나는 그곳에서 두 달 동안 일하였다.

깊은 죄가 보이다

어느 날 김 목사님은 나에게 어떤 사람을 눕게 하고는 이 사람의 죄가 무엇인지 보라고 하였다. 나는 두 눈을 감고 그 사람을 보고 있는데 환상이 떠올랐다.

환상의 내용은 그 사람의 죄에 대한 것이었다. 내가 그 내용을 말하였더니 몇 가지를 더 보라고 하셨다. 더 보려고 하였더니 계속해서 환상이 보였고 그것도 그의 죄에 대한 것들이었다. 이것이 정말 그 사람에 관한 것인지 확증이 필요하였다.

나는 그에게 환상을 통해 본 그의 죄를 가르쳐주고 바로 지금 회개하라고 하였다. 그리고 내가 본 환상을 계속 주시하여 보았다. 그런데 놀랍게도 그가 회개할 때마다 죄와 관계된 환상의 모습이 변하였다. 예를 들면 그 사람이 물길을 막고 있는 큰 통나무였는데 회개를 하는 중에 그 통나무가 작아지더니 나중에는 없어졌다. 나는 너무나 신기한 모습을 보면서 그에게 회개가 다 되었다고 말해주었다. 하나님이 회개해야 할 개인적인 죄를 즉각적으로 가르쳐주셨다.

어떤 때는 세 사람을 눕혀놓고 사람마다 하나씩 환상을 보면서 죄를 가르쳐준 다음, 회개하게 하였다. 그리고 다시 번갈아 가면서 환상을 보았는데 어느 정도 회개가 되었는지를 환상 속에서 알 수 있었다. 회개가 끝나면 또다시 다른 죄를 사람마다 하나씩 가르쳐주었다. 또 회개를 시키고 환상을 통해 확인하면서 회개가 끝난 것을 알려주고, 또다시 환상을 보면서 죄를 가르쳐주는 일을 반복하였다. 나도 놀랐던 것은 순식간에 수많은 환상이 보이고 죄를 회개시키고 세력을 내보내며 회개가 되었는지 안 되었는지를 즉각적으로 알 수 있는 것이었다. 많은 사람들은 내가 사역하는 모습을 보면서 놀라워했다.

전신갑주의 모습이 보이다

김 목사님은 내게 사역을 받기 위해 온 사람들의 전신갑주를 보라고 하였다. 나는 무슨 말인지 모른 채 어쨌든 군인을 떠올리며 사람들의 모습을 영안으로 보았다.

먼저 신발을 보았더니 맨발인 사람, 슬리퍼를 신은 사람, 고무신을 신은 사람, 운동화를 신은 사람, 하이힐을 신은 사람, 가죽 신을 신은 사람 그리고 군화를 신은 사람의 모습이 보였다. 어떤 경우는 밑창이 뜯어지거나 끈이 풀려 있는 모습이 보였다. 나는 보이는 대로 말해주었고 그것이 그 사람의 하나님의 군사로서의 수준을 보여주는 것이라고 믿었다. 나는 수백 명을 사역한 후 사역 받은 사람들의 고백과 나의 진단을 종합해볼 때 내가 본 것이 확실하다는 사실을 알 수 있었다.

또한 중요한 것은 머리에 쓰는 구원의 투구였는데 야구 모자, 피크닉 모자, 간단한 투구, 장군이 쓰는 투구 등이 보였고, 어떤 경우에는 구멍이 나거나 찢어진 모습도 보였다.

검을 보았더니 큰 검을 가진 사람, 작은 검을 가진 사람들이 있었고, 어떤 사람은 손톱깎이에 달린 아주 조그마한 성령의 검을 가진 사람도 있었다. 그런 검으로는 악한 영과 영적 전투에서 싸워 이길 수가 없어 보였다. 심한 경우는 아예 검이 없는 사람들도 있었다. 특이한 경우는 검이 원래는 있었지만 후에 땅에 떨어뜨렸거나 부러진 것이었다. 아마도 영적 전투를 하면서 연약하여 공격당한 것으로 보인다. 어떤 사람은 검이 크지만 녹이 슬어 있었고, 또 아무리 악한 영이 와서 공격해도 칼집에서 칼을 뽑지 않는 사람도 보였다.

이러한 방법으로 방패, 흉배, 허리띠 등을 보았다. 내가 영안을 열어 환상으로 본 것은 너무나 정확하였다. 지금까지 나는 수천 명을 사역하였고 그들을 정확히 진단해주었다.

살인의 영이 보이다

한번은 건강이 몹시 상한 사람을 사역하게 되었다. 그의 목을 보고 있는데 갑자기 새끼줄이 보였다. 눈을 뜨고 그의 목을 보았더니 새끼줄이 없었다. 다시 눈을 감고 그의 목을 보았는데 역시 새끼줄이 감겨 있는 것이었다. 새끼가 꼬인 모습과 가느다란 짚의 티끌이 솜털처럼 나 있는 것이 세밀하게 보였다.

나는 도대체 그것이 무엇인지 한참 생각하였다. 자세히 보니 목에 살인의 영이 감겨 있고 그 영의 형체가 새끼줄로 보였던 것이다. 새끼줄을 보는 동안 그것이 살인의 영인 것을 자연적으로 알 수 있었다. 그런데 그것은 꼰 지 얼마 되지 않은 새 줄로 보였다.

그것이 무슨 의미인지 생각하던 순간 갑자기 그 이유가 깨달아졌다. 그것은 그 사람의 목에 걸려 있는 살인의 영의 강도를 나타내고 있었다.

내가 그 새끼줄을 가만히 보고 있는데 또 다른 연결된 줄이 보였다. 가만히 보니 그 사람 목에 걸려 있는 그 새끼줄 위로 다른 사람의 얼굴 하나가 보이는데 그 사람 목에도 역시 새끼줄이 감겨 있었다.

이번에는 그의 아래쪽을 보았더니 줄 하나가 내려와서 또 다른 사람의 목을 감고 있었다. 나는 즉시 그 이유를 알 수 있었다. 위로 올라간 것은 부모 대를 말하는 것이고, 아래로 내려온 것은 그 사람의 자녀들에게 내려온 살인의 영을 가리키는 것이었다.

부모 대와 자식 대의 살인의 영을 살펴보았더니 어떤 것은 새끼줄이 낡아서 끊어질 것 같았고, 어떤 것은 강하게 보였다. 결국 그 가문에 살인의 영이 내려왔는데 각 사람에게 역사하는 수준의 차이를 보여주는 것이 분명하였다.

나는 살인의 영이 사람의 목을 감아 죽이려 한다는 사실을 알고 충격을 받아 다른 사람들도 주의 깊게 살펴보았다. 어떤 사람의 목에는 쇠사

슬이 감겨 있었고, 어떤 사람은 쇠로 된 로프가 감겨 있었다. 단명하거나 비명횡사한 사람이 많은 가정일수록 살인의 영이 쇠처럼 강한 줄로 보였다. 살인의 영의 역사가 약한 가정은 가느다란 실 정도로 보였다.

살인의 영을 목에 걸려 있는 밧줄로 본 후 나는 그 다음 단계로 왜 살인의 영이 가정에 들어오는지를 알고 싶었다.

먼저 어떤 집안에는 자살을 함으로 살인의 영이 들어왔다. 주님께 이유를 알려달라고 하면서 환상을 보았더니 어떤 사람이 물가에 서서 신발을 벗어놓고 물속에 뛰어들어가 자살하는 장면이 보였다. 나는 사역을 받으러 온 내담자에게 이 사실을 말해주었다.

또 다른 사람의 경우는 살인을 한 경우도 있었다. 살인의 영이 들어온 이유를 주님께 여쭙고 환상을 보았더니 어떤 여인이 안방에서 뛰어나와 마당에서 엎어져 죽는 것이었다. 그 여인의 입을 보았더니 피를 토하고 있었다. 그런데 안방에 있던 한 사람이 그 여인의 모습을 지켜보고 있는 것이 보였다. 나는 순간적으로 독살당했다고 생각하였다. 또 다른 사람의 경우에는 대들보에 목을 매달아 자살하는 장면이 보였다. 나는 살인의 영이 있는 사람마다 그 이유를 밝히고 설명해주었다.

이유를 알아야 더 분명하게 회개할 수 있고, 그 영들이 사람의 몸이나 그 가정에서 속히 떠날 수 있기 때문이다. 이런 사실을 내가 알 수 있다는 사실이 너무나 놀라웠고 내 말을 듣는 사람들도 무척 신기해하였다. 내가 신비한 비밀을 들추어내는 이유는 죄와 싸우기 위함이고, 죄로 인해 들어온 영을 내쫓기 위함이다. 악한 영이 나가야 주님과 막힌 담이 헐리고 주의 축복을 받을 수 있다. 어찌하든 성도들은 죄와 싸우고 사탄과 싸워야 한다. 환상을 통해 죄를 가르쳐주었기에 항상 사역 센터는 회개하는 성도들의 통회하는 소리로 가득 찼다.

건물 안에서 죄를 짓다

한번은 어느 목사님이 교회를 개척하는 문제로 상담을 하였다. 그분은 150평 정도의 교회를 준비하고 있었는데 입주하기 전 미리 영적으로 깨끗하게 하고 교회를 세웠으면 좋겠다고 하였다.

나는 그 교회에 가보지 않았지만 교회의 단면도를 그려놓고 방 하나하나마다 주님께 무엇을 회개해야 할지 여쭈어보았다. 나는 큰 충격을 받았다. 왜냐하면 방 하나하나마다 죄가 너무나 많았기 때문이다.

어느 방에서는 마약을 맞는 장면이 나왔다. 여러 사람들이 팔과 엉덩이에 비밀스럽게 주사를 맞는 장면이 환상으로 보였다. 어떤 방에서는 성폭행이 이루어지는 장면도 있었다. 그 외에 방마다 공간마다 수많은 죄들이 내 눈앞에 환상으로 나타났다.

내가 본 모든 것을 목사님께 말씀드렸더니 너무 놀라면서 열심히 회개를 하고 영적인 청소를 하고난 다음 교회로 사용해야겠다고 말하였다. 이전에 그 건물을 사용하던 사람들이 경건치 못한 사람들이었던 것이 분명하였다. 나는 그 이전 사람들이 누구였는지를 나중에 분명히 알게 되었지만 여기에서 밝히지 않겠다.

땅에도 죄가 있다

어떤 건물을 사서 들어가려 하는데 혹시라도 그 땅에 죄가 있는지를 알고자 하는 목사님이 있어서 나는 또 주님께 여쭈어보았다.

그곳은 나지막한 산이었기 때문에 얼마 전까지만 해도 밭농사를 지었을 것으로 생각되는 곳이었다. 때문에 이런 곳에 무슨 죄가 있겠나 생각하고 부담 없이 환상을 보았다. 그런데 환상 속에서 어떤 사람이 지게를 지고 나타났는데 그 복장은 수백 년 전의 복장이었다. 그 사람의 움직임을 유심히 보고 있는데 그 지게에는 노인이 앉아 있었다. 그 사람은 노인을 지게에 태우고는 골짜기로 들어가는 것이었다. 그러더니 그 노인을 지게에서 내려놓고는 혼자서 가버렸다. 아마도 고려장을 지내는 것으로 생각되었다.

내가 환상을 볼 때에는 슬라이드처럼 한 장면씩 나오는 경우는 거의 없고, 대부분 영화처럼 스토리가 보인다. 어느 때는 5분에서 10분 동안 그 장면이 계속 진행되기도 하였다. 그러므로 사건의 시작과 과정과 결말을 볼 수 있었다. 그 사실을 들은 목사님은 긴장하면서 회개를 하고 들어가야겠다고 말하였다. 목사님은 즉시 그 땅에 있던 과거의 죄를 회개하였다. 나는 하나님께서 보여주신 영상을 계속 보고 있었다. 그런데 신기하게 목사님이 회개하면 할수록 그 영상 속에 나타난 죄가 점점 없어져가는 것이 보였다. 하나님께 회개하자 하나님이 용서하시고 죄로 인해 들어온 영이 그 땅에서 떠나가기 때문이었다. 과거의 죄로 말미암아 역사하는 영도 회개하여 주님이 용서하시면 더 이상 그곳에 머무를 수 없다.

시범을 보이다

나는 김 목사님이 교수로 계신 치유 센터에 갔다. 목사님은 자신의 강의 후 내게 시범을 보여달라고 하였다. 그 자리에는 30~40명 정도의 훈련생들이 있었는데 나는 한 사람씩 나오게 하였다.

한 사람의 뇌에 있는 세력들을 보는데 10초면 되었다. 세력의 크기와 모양을 칠판에 그린 다음, 또 다른 사람의 뇌의 세력을 보고 그렸다. 30~40명을 계속해서 보고 그림으로 그렸다.

그 중 어떤 사모님은 3~4급이나 되는 용이 들어가 있는 자신의 그림을 보고는 그 자리에서 울었다. 나는 모두에게 10분 정도 회개하라고 한 후 뇌의 변화된 세력의 모습을 또다시 확인해주었다.

한 사람씩 나오게 해 뇌의 세력을 보았더니 짧은 회개 시간이었지만 어느 정도 세력들이 약해지거나 나간 모습으로 변화를 보였다. 나는 졸지에 영적인 스타가 되었다.

약속 헌금과 세력

한번은 어떤 성도에게 너무나 큰 죄가 있었다. 그 죄를 씻기 위해서는 많은 시간의 회개가 필요했고, 하나님께서는 회개 헌금도 받기 원하셨다. 그는 지금 현금이 없기 때문에 나중에 드리기로 작정하였다.

그는 우리 교회 성도가 아니었고 우리 교회에 헌금을 하는 것도 아니었기 때문에 얼마를 작정했는지 관심이 없었다. 그러나 영적 사역자로서 작정 헌금을 하면 악한 영과의 관계가 어떻게 되는지 궁금하였다. 나는 작정 헌금을 하고나면 어떻게 되는지 주님께 여쭈면서 눈을 감고 환상을 보았다.

환상 속에서 주님은 한 가지 특이한 장면을 보여주셨다. 커다란 용이 땅 위에 있었는데 그 용이 밧줄에 묶여서 바다 속으로 끌려 들어가는 것이었다. 용은 바다 깊은 곳으로 점점 빠져 들어가 꼼짝 못하고 있었다. 나는 그 장면을 유심히 보았는데 바닷물 속에 잠겨 있는 용은 팔다리가 끈으로 묶여 있었다. 그 용은 분해되어 사라졌거나 죽은 것이 아니었다.

그 장면을 보면서 내가 깨달은 것은 회개 헌금을 작정한 것은 그 집에서 역사하는 용, 즉 악한 세력을 묶어두는 역할을 하였고, 만일 회개 헌금을 작정하고도 실행에 옮기지 않으면 용을 묶었던 줄이 풀어지리라는 것이었다. 나는 회개 헌금을 작정한 그분에게 용을 묶은 줄이 풀어지기 전에 속히 헌금을 하라고 일러주었다. 내 말을 들은 그는 너무나 놀라면서 꼭 실천하겠노라고 했다.

문제가 있는 건물

한 사람이 찾아와 상담을 하였다. 그를 포함하여 여러 사람이 합자해 공동 주택을 짓고 있었는데 건축업자와 문제가 생겨서 공사가 중단되었고, 건축업자들이 제 마음대로 건물에 들어와 임시로 살고 있다고 했다. 그들은 그곳에 살지도 못하면서 세금을 비롯해 많은 돈을 지불해야 했다. 그는 물질적으로 너무나 큰 손해를 보았고, 감당하기에 너무 어려운 일이 일어났기 때문에 그 이유가 무엇인지 알고 싶다고 하였다. 그 건물은 비싼 땅에 지은 것이기 때문에 만일 건물 문제가 해결된다면 자신의 집을 팔아 하나님께 헌신하고 싶다고 하였다. 그분은 그 건물로 인해 몇 년 동안 극심한 마음고생과 함께 기도하고 있던 중이었다.

나는 관심을 가지고 그 집을 가보았다. 그 땅에 어떤 영들이 있는지, 무슨 연고로 주님 앞에 충성하는 성도에게 이렇게 큰 손해가 발생했는지 주님께 여쭈어보고 환상을 보았다. 멀리 떨어져서 그 건물을 보고 있는데 환상이 보였다. 환상의 내용은 엄청나게 큰 물고기가 그 공동 주택의 한 동 전체를 입으로 물고 있는 모습이었다. 그 물고기의 이빨이 워낙 사나워 그 주택은 빠져나올 수 없는 것으로 보였다. 그 이야기를 전하자 그분은 두려워하면서 실망하였다. 건물에 얽힌 문제가 풀리지 않을 것이기 때문이었다. 그렇다면 그 이유는 무엇인지 살펴보았다.

먼저 큰 물고기는 바다나 강과 관련이 있다. 가만히 그 주택의 위치를 살펴보니 강변에 있었다. 그리고 그 자리는 과거 물고기를 잡으러 나가는 어부들이 풍어제 등 제사를 지내는 장소로 보였다. 자그마한 언덕이 그것을 말해주었다. 그냥 볼 때는 아주 좋은 언덕일지 몰라도 실제로는 산당의 역할을 한 영적으로 부정한 곳이었다.

그런 자리에는 큰 세력들이 늘 자리를 잡고 있기 때문에 그곳에 축복이 있을 수는 없다. 더구나 하나님의 자녀가 그곳에서 일을 하거나 생활을 하게 될 때 악한 영들의 공격은 사나워질 것이다. 나는 그 문제를 웬만큼 회개하고 기도해서는 해결되지 않을 것이라고 생각하였다. 그들이 철저히 회개하고 하나님께 매달려야만 조금이라도 소망이 있을 것으로 여겨졌다. 그래서 나는 그 땅에 대한 기도를 부탁받았지만 기도할 수가 없었다.

태아의 상태를 알다

어느 날 자신의 행동을 이해하지 못하는 한 분이 찾아왔다. 자신이 생각할 때에도 성격상 무슨 문제가 있는 것 같다고 하였다. 그를 여러 면으로 진단하고 사역을 하면서 한 단계 더 깊이 다가가 그가 태아였을 때의 상태를 보았다. 놀랍게도 주님께서는 그가 뱃속에 있을 때의 상태를 가르쳐주셨다. 환상으로도 보이고 내 마음에도 태아의 감정이 그대로 전달되었다. 나는 일 개월, 이 개월, 삼 개월 계속해서 그의 태아 때의 상태를 말해주었고, 회개할 것은 회개하게 하고 주님의 이름으로 위로할 부분은 위로해주었다.

사람이 보내는 태아기는 인성 발달에 중요한 영향을 미친다. 대부분의 심리학자들이 사람은 세 살이 되기 전 그의 지능과 감정이 거의 결정된다고 하는데 그것은 사실일 것이다. 문제는 그 태아가 악한 영의 공격을 많이 받는다는 사실이다. 그리고 그 영들은 2~3년이 지나면서 점차 몸 안에서 자리를 굳혀간다. 그리고 성격에 결정적으로 부정적인 영향을 끼치게 된다. 이런 일은 모든 사람에게 거의 예외 없이 발생한다. 그러므로 누구든지 자신의 태아기 때의 영적 상태를 생각하면서 하나님께 회개하며 기도해야 한다.

무의식이 보이다

하나님께서는 우리 인간에 대해 모르시는 것이 없다. 우리가 어머니의 뱃속에 있을 때에도 아셨다고 말씀하신다. 그렇다면 이 땅에 태어나 지금까지 살아온 삶을 알고 계실 것은 너무나 당연한 일이다. 주님은 우리가 무슨 말을 하는지도 알고 계시고 우리의 모든 행동도 다 아신다. 더 나아가 우리의 속마음까지도 아시는데 내가 평상시 의식하지 못하는 무의식이나 그 세계까지도 알고 계신다.

나의 책 「내 양을 치유하라(도서출판 유하)」에서 언급한 적이 있는데 영안으로 보면 다른 사람의 마음속에 숨어 있는 것까지도 알 수 있다.

예를 들어 마음 깊은 곳에 사랑하거나 미워하는 사람을 숨겨두고 있다고 하자. 그 속마음을 누구에게도 이야기한 적 없고 자기 마음속에 꽁꽁 숨겨놓았다고 해도 영안이 열린 사람은 그런 은밀한 일까지도 알 수 있다. 나는 상대방의 마음속에 좋아하든 미워하든 깊은 곳에 숨어 있는 사람을 알아내고 말해주었다. 듣는 사람들은 깜짝 놀라면서 성령께서는 우리 마음 깊은 곳에 있는 것도 아신다는 사실을 깨닫게 되었다.

우리 마음속에는 하나님 외에 어떤 사람도 존재하면 안 된다. 내 마음 속 왕좌에는 예수 그리스도만이 계셔야 하고, 내 마음 깊은 골방이 있다면 그곳 역시도 예수님이 계셔야 한다. 예수 그리스도 외에 어떤 사람이나 존재도 그곳에 머무는 것을 허용할 수 없다.

영적 공간이 바로 옆에 있다

나는 악한 영을 내보낼 때 어디로 보낼까를 많이 생각해보았다. 나는 영의 존재가 확실하게 보이기 때문에 몸에 아직 남아 있는지, 몸 밖으로 나오고 있는 중인지, 아니면 몸 밖으로 완전히 나왔는지를 확실하게 알 수 있다.

일단 몸 밖으로 나온 세력을 처리하는 것도 상당히 중요한 일이었다. 그 영들을 산이나 바다로 보낼 수도 있고, 어떤 때는 이방 신전으로 보낼 수도 있다. 어떤 경우는 공중에 제 마음대로 떠 있기도 한다. 그러나 우리가 살고 있는 이 땅에 최대한 악한 영이 존재하지 못하도록 하는 것이 좋은 사역이다. 때문에 악한 영을 십자가로 명령하여 보낸다.

십자가로 보내는 것은 악한 영을 주님께로 보낸다는 뜻이고, 주님께로 간 영은 주님이 가두어버리신다. 그러므로 주님께로 간 영은 다시는 이곳에서 활동할 수 없기 때문에 이 땅에서 활동하는 영들이 줄어들게 된다.

내가 십자가로 영을 보낼 때 그 영이 하늘 꼭대기로 가는 것이 보였다. 5킬로미터, 10킬로미터로 날아가는 것이 보였다. 그런데 어느 날인가 세력을 내보내는데 내 옆에서 갑자기 사라지는 것이었다. 다음 세력을 내보내면서 유심히 보았더니 내 바로 옆에 블랙홀 같은 것이 있어서 그 안으로 세력이 빨려 들어가는데 블랙홀로 사라진 뒤에는 영들이 보이지 않았다. 그러니까 어느 때는 영이 멀리까지 가는 것이 보이고, 어느 때는 바로 내 옆에서 사라져버렸다.

나는 영문을 몰라 수십 번, 수백 번을 똑같은 방법으로 사역해보았다. 역시 블랙홀 속으로 빨려 들어가는 것이었다. 어떤 것들은 쏙쏙 잘 들어가는 데 비해, 어떤 것들은 들어가지 않으려고 블랙홀 입구에서 머리를 자꾸 밖으로 돌리고 있었다. 그 광경을 본 나는 들어가라고 명령했더니 안으로 빨려 들어갔다.

하나님의 나라는 멀리 있는 것이 아니라 바로 내 앞에 있으며, 우리가 사는 세상도 하나님 나라의 일부로서 차지하고 있다는 것을 알게 되었다. 그러므로 성령께서는 우리 가까이 계시고 내 속에도 계신다. 주님이 우리 성도들에게 오실 때 저 하늘 보좌에서 오시는 시간이 몇 시간 혹은 며칠씩 걸리는 것이 아니라 바로 한순간에 오실 수 있다는 증거다.

몸속의 쓴 뿌리를 보다

악한 영을 내보낼 때는 먼저 내담자에게 회개를 많이 시키는 것이 순서다. 특별히 우상을 섬긴 죄를 회개할 때에는 더 치열한 회개를 해야 한다. 출애굽기 20장에 나와 있는 내용을 보면 주님께서 우상을 섬긴 자의 집안에 책망하시는 모습을 기록하고 있다.

성경에 보면 "나를 미워하는 자의 죄를 갚되 아비로부터 아들에게로 삼사 대까지 이르게 하거니와"라고 말하고 있다. 우상숭배의 죄는 자손에게까지 영향을 미친다는 뜻이다. 여기서 삼사 대라고 했을 때 삼사 대가 지나면 죄가 저절로 없어질 거라고 생각하면 오산이다.

삼사 대까지 죄가 내려가는데 회개하지 않는다면, 또한 그 자손이 계속 죄를 짓는다면 그 죄는 눈덩이처럼 불어나 자손 대대로 내려가 영향을 미치게 된다. 하나님을 잘 믿는 가문이나 민족이 복을 받는 것과 미신과 우상을 섬기는 가문이나 민족이 복을 받지 못하는 것의 결과는 엄청난 차이지만 이치는 같다.

한번은 회개를 많이 하여 상당히 깨끗해진 사람을 사역한 적이 있었다. 그런데 어느 날 영적으로 보니 그의 가슴이 열리는데 그 가슴에 무덤이 보였다. 그리고 무덤이 열리더니 그 안에서 관이 나오는 모습이 보여 소스라치게 놀랐다. 나는 감았던 눈을 다시 떠서 정신을 차린 다음 다시 눈을 감고 영적으로 보았는데 역시 관이 나오는 모습이 보였다. 관을 자세히 보니 세력이 관의 모습을 한 것이었다. 그러니까 세력과 관은 하나였다. 관으로 보인 것은 그 세력이 죽음의 영이라는 의미였다. 나는 그것을 나중에야 알았다.

신기한 것은 그 관이 나오면서 많은 사람들도 뒤따라 나오는 것이었다. 나는 또다시 깜짝 놀라 눈을 떴다가 다시 눈을 감고 보았다. 역시 사람들이 관을 따라 깃발을 들고 마치 장례식을 치르는 것처럼 긴 행렬을 지어 가슴에서 나가는 것이 보였다.

　나는 그 사람들의 형상이 조상 대대로 우상 숭배를 한 결과로서 몸속에 들어온 영이라는 것을 알 수 있었다. 그들은 자기들이 언제 들어온 영인지 밝히는 깃발을 들고 나왔다. 나는 몇십 분 동안 내담자에게서 나타나는 그 장례 행렬을 구경하였다. 내담자가 조상 대대로 우상 숭배한 것을 열심히 회개하면 그 장례 행렬은 빨리 움직였고, 회개를 천천히 하면 천천히 움직였다. 나는 이러한 이야기를 어떤 책에서도 본 적이 없었기에 당황했지만 성령께서는 그 모든 정황을 자세하게 이해시켜주셨다.

　장례 행렬이 끝나고 완전히 사라질 때까지 약 한 시간이 걸렸다. 내담자는 사역을 마친 후 몸이 너무 가벼워졌다고 하면서 가슴이 뻥 뚫려 비어 있는 것처럼 느껴진다고 했다. 세력들이 나왔기 때문이다.

　나는 이것을 쓴 뿌리라고 이름붙였다. 우리의 육체는 흙으로 만들어졌다. 그러므로 흙으로 구성된 땅에 나무 뿌리가 깊이 박혀 있듯이 우리 몸에 악한 세력이 박혀 있는 것이 뿌리의 모습으로 보였기 때문이다. 특별히 대대로 내려온 영들은 아주 강력하고 새카맣고 더 나쁜 영향을 미치기 때문에 나는 성령의 감동에 따라 쓴 뿌리라고 한 것이다. 더욱 감사한 것은 내 아내와 딸 그리고 여러 사역자들이 이러한 영적 광경을 똑같이 보면서 놀라기도 하고 슬퍼하기도 하며 죄가 얼마나 무서운지를 똑똑히 알게 된 것이다.

가문 위의 영이 보이다

　자신의 죄를 회개하던 어떤 사람이 자기 가문을 위해서 기도하고 싶다고 하였다. 자기 형제들이 결혼을 하여 가정을 꾸려 살고 있는데 집집마다 늘 문제에 시달리고 있다고 하였다. 그러므로 장남으로서 부모님의 죄를 회개하고 형제들을 행복하게 해주고 싶다는 것이다. 하나님께 회개

헌금을 하고는 기도를 해달라고 부탁하였다. 그가 많은 회개를 하였고 진정으로 가문을 사랑하는 마음이 있었기 때문에 나도 기도하기 시작하였다. 예물을 하나님께 드린 다음 그 가정이 하나님의 진노에서 벗어나 평안함 속에서 생활하게 되기를 기도하였다.

기도를 하는 중에 나는 영안이 열려 특이한 현상을 보았다. 내 앞에 그 가문 위에 있는 영들이 저 위로 보였다. 정확한 표현은 힘들지만 먹구름이 낀 것처럼 보였다. 먹구름 속을 자세히 들여다보니 크고 작은 영들이 서로 엉켜 있었다.

그것은 그 가문이 지금까지 지은 죄들로 인하여 영들이 가문 위에 머물러 있는 것이었고 하나님께로부터 오는 축복을 가로막고 있는 것이었다. 당연히 이 악한 영들은 그 가정의 기도가 하늘에 올라가는 것도 방해한다. 그 영들은 그 가문에 속한 사람들에게 공중에서 계속 악한 영향을 주고 있었다.

그런데 깊이 회개함으로써 그 세력들의 가운데가 갈라지며 조금씩 다른 곳으로 물러가는 것이 보였다. 그 갈라진 틈은 하늘의 은혜가 내려오며 땅의 기도가 올라가는 통로가 된다고 할 수 있다. 물론 공중을 덮고 있는 먹구름 같은 세력들이 없어지거나 다 죽은 것은 아니지만, 그래도 갈라지고 어느 정도 밀려 나간다는 것은 큰 성과였다. 하나님과 막힌 담을 헐어야 한다. 나는 한 가문 위에 있는 영들을 이렇게 볼 수 있었다.

기회가 되어 다른 가문 위에 있는 영들을 보았을 때, 그 모습이 각각 다르고 영들도 각각 다른 것을 알 수 있었다.

물론 우리 가문 위에도 이러한 영들이 있었으며 나도 영들을 물리치기 위하여 시간이 날 때마다 회개하였다. 부끄럽게도 우리 집안에 역사하는 영들 중에 강한 것은 혈기와 불평불만, 앞길을 막는 영이었다. 이 영들로 인하여 부모님과 형제들은 악한 영들의 훼방을 받아 많은 문제 속에서 헤어나지 못하고 있었고, 모르는 사이에 하나님 앞에 이와 관계된 죄를 짓게 되었다.

천사가 일하다

사탄을 보거나 세력을 본다는 것은 천사를 본다는 것과도 같다. 천사가 타락하여 사탄이 되고 악한 영이 되었기 때문이다. 나는 사역을 하면서 사람 몸 안에 있거나 몸 밖에 있는 악한 영을 쫓아낼 때 천사가 와서 악한 세력을 가지고 가는 것을 보았다. 물론 그 영의 크기보다 더 큰 천사가 가지고 갔다. 회개가 잘 되면 악한 영이 힘이 없어 쉽게 가져가고, 회개가 잘 안 되어 있으면 악한 영의 힘이 빠지지 않아 천사가 쉽게 잡아가지 못하였다. 아주 강한 세력은 천사가 밧줄로 꽁꽁 묶어서 잡아가기도 한다.

또한 치유를 하는 천사도 보았다. 천사는 큰 천사만 있는 것이 아니라 작은 천사도 있는데, 치유하는 작은 천사가 성도의 아픈 부분을 만진다.

영안이 열리면 천사들의 활동을 볼 수 있다. 영안이 열리면 영의 세계와 친해지고 새로운 세계를 깊이 접할 수 있다.

16장 | 부모님이 받은 은사였다

 나는 두 달간 김 목사님의 사역을 도운 후 내 목회 현장으로 돌아왔다. 그리고 목회와 치유 사역을 시작했기 때문에 자연히 김 목사님과는 헤어질 수밖에 없었다. 그분들은 외국으로 나가기로 결정하였고 출국하기 전 잠시 대화를 나누게 되었다.
 김 목사님은 내가 놀라울 정도의 은사를 받았다고 인정해주었다. 그리고 어떻게 남다른 은사를 받게 되었는지에 대해 이야기를 나누면서 우리 부모님에 대해 말하였다. 그분은 내가 받은 은혜는 부모님으로부터 온 것이 80퍼센트이고, 나의 노력은 10퍼센트쯤 되며, 자신의 공로는 10퍼센트쯤 될 것이라고 하였다. 그러면서 그 10퍼센트의 공로를 생각해서 자신을 잊지 말아달라고 하였다. 나는 그러겠다고 하였다. 그는 '나보다 더 능력이 있는 사람이 있다'고 하면서 바라기는 앞으로 나의 사역 방향이 '능력 쪽으로 나가면 교만해지기 쉬우니 영성이 더 중요하다'고 충고해주었다.

나는 지난 두 달 동안 그분을 돕기도 하였지만, 받은 은혜도 많았기 때문에 그분의 말을 귀담아 들었다. 그분은 자신보다 더 능력이 있는 다른 사람이 누구인지는 소개하지 않고 오직 영성을 추구하는 엄두섭 목사님과 그의 저서인 「영성생활의 향기」에 대해 소개해주었다. 우리는 그렇게 헤어졌고, 몇 년 후 그분이 젊은 나이에 세상을 떠났다는 가슴 아픈 소식을 들었다.

아버지의 은사

앞에서도 말했다시피 내 아버지는 30여 년간 치유사역자로 일하셨다. 아버지는 주로 귀신들린 사람을 치료하거나 암과 같은 병에 걸린 사람을 위해 기도하셨고, 그런 사역을 통해 많은 열매가 나타나는 것을 나는 자라면서 지켜보았다. 아버지의 은사를 진단해보면 치유와 능력 행함의 은사가 강력하게 나타나는 것을 확인할 수 있었다.

아버지는 귀신을 쫓아내는 은사가 남달리 강하셨다. 귀신들린 사람이 행패를 부리다가도 아버지 앞에 오기만 하면 고분고분해지는 것을 많이 보았다. 나는 그것을 과거에는 이해하지 못했는데, 아무리 많은 세력이 있는 사람도 내 앞에 오면 꼼짝을 못하는 것을 보면 그것은 하나님이 허락하신 귀신 쫓는 은사 때문이고 그 능력이 신기할 뿐이다. 아버지의 은사가 내게 그대로 내려온 것으로밖에는 설명할 길이 없다.

나는 영안이 열린 후 아버지와 대화를 나누면서 중요한 사실 하나를 알게 되었다. 아버지는 과거에 기도원을 하실 때 귀신 들려 경련을 일으키는 사람을 사역하고나면 이상하게 거미줄 같은 것이 아버지의 머리와 몸에 걸쳐졌다고 말씀하셨다. 아버지는 이러한 현상을 기도원에 방문한 여러 목사님들께 말했더니, 그분들은 아마도 기도원을 이곳저곳 다니다가 거미줄에 걸린 모양이라고 대답하였다.

그러나 거미줄은 누가 보아도 보이지 않았기에 아버지는 궁금한 마음이 있었지만 그 이유를 몰랐었다고 하셨다. 어느 누구도 아버지의 경험을 어떤 이유 때문이라고 설명해주거나 이해해주지 못했다. 그러다가 10여 년이 지난 후 아들인 내가 몸에서 거미줄 같은 세력을 떼어내는 모습을 보시더니 자신도 그랬었노라고 하시면서 나의 영적 경험이 새로운 것이 아니라고 말씀하셨다. 나는 이것이 무슨 현상인지 분석하기 위해 애를 쓰고 있었는데 이미 아버지는 오래전에 체험하셨던 것이다. 정말 "해 아래 새것이 없다"는 말이 실감났다. 사실 지금까지 인류가 얼마나 오랫동안 이 땅에 살아왔는데 처음 있는 일이 어디 있겠는가.

우리 아버지는 영안이 깊이 열리지 않아 세력의 모양을 정확히 보시지는 못했을지라도, 조그마한 영들이 사람의 몸에 걸쳐진다는 사실을 느끼셨던 것이다. 이것은 영분별의 은사에 속하는 일이다. 아버지는 축귀뿐만 아니라 영분별의 은사도 강하셨다고 볼 수 있다. 나는 하나님의 은혜로 내 아버지가 세력을 느끼는 것에서 더 발전하여 아들인 내가 세력을 눈으로 보고 만지고 느끼고 쫓아낼 수 있게 되었으니 영적 유산을 상속받은 축복을 몇 갑절로 누리는 사람이다.

또한 내가 기도에 열심인 것도 아버지에게서 이미 나타나 있었다. 앞에서도 언급했듯이 아버지는 산 기도를 많이 하신 것뿐 아니라 밤 11시만 되면 교회에 가셔서 기도하시다가 새벽 기도회를 인도하시고 집에 들어오셨다. 이러한 생활을 수십 년간 계속하셨다. 그 당시 나는 아버지를 이해하지 못했고, 저런 식으로 목회하는 것이 맞다고 한다면 목회할 사람이 어디 있겠느냐고 비판조로 말한 적도 많았다. 그런데 나는 지금 수많은 사람을 사역하고도 하루에 적게는 3시간 평균 4~5시간 이상 기도한다. 사역이 없는 날에는 10시간 정도 기도할 때도 많다. 혼자 조용히 기도하는 날인데 사람들이 찾아오는 것이 사실 나는 반갑지 않다. 설령 꼭 만날 일이 있어도 속히 기도의 자리로 돌아오기를 바란다. 하나님께 엎드려 있는 것이 귀하기도 하지만 사람을 마주하고 있으면 아무래도 작은 영들이라도 내게 영향을 끼치기 때문이다. 그러므로 나는 사람을 만나는 것보다 하나님을 만나는 것이 더 유익하다고 생각한다. 내가 하는 것처럼 사람을 가까이 하지 않으면 어떻게 사회생활을 하느냐고 말하는 사람도 있겠지만 나는 개의치 않는다.

또한 아버지는 기도원을 20년 가까이 하셨지만 한 번도 부흥 강사를 초청하여 집회를 하신 적이 없다. 그리고 기도원에 올라오는 한 사람 한 사람을 지도하기에 힘쓰셨는데, 나 역시도 지금 한 사람 한 사람을 치유하고 가르치는 방법으로 사역을 하고 있다. 우리 아버지에게 있었던 그 소중하고 귀한 은사와 사역의 방향까지도 빠짐없이 나에게 나타나고 있는 중이다.

결론적으로 아버지의 체험을 비판한다면 아들인 나를 비판하는 것이요, 나의 영적 분별 능력을 의심한다면 아버지의 30년 영적 사역을 의심하는 것이 된다. 영안이 열리기 전까지 아버지와 나는 전혀 다른 길을 걸었는데, 영안이 열리고 나서야 영적 사역자라는 한 길을 걸어왔음을 알게 되었다.

어머니의 은사

우리 어머니는 특별히 환상과 예언의 은사를 받은 분이시다. 우리가 기도원을 처음 시작했을 때 어머니는 환상을 통해 기도원의 정경을 미리 보셨다. 기도원에 들어간 다음 어머니는 환상을 통해 본 것과 실제가 너무나 똑같다고 말씀하셨다. 성도들에 대해서 기도를 하면 하나님께서 환상을 보여주셨기 때문에 환상과 함께 미래에 대해서 예언하기도 하셨다. 이런 은사를 받으신 데에는 깊은 기도가 있었기 때문이다. 어머니는 나이 50이 넘어서도 물만 드시고 40일 금식 기도를 하셨다. 어느 때는 물도 드시지 않고 단식하시면서 보름이나 기도하셨는데, 힘이 드신다고 물만 드시면서 20일을 더 금식하셨다. 그러나 그러한 일을 자랑하듯 말씀하지 않았다. 특별 기도뿐 아니라 평상시에 기도 생활도 철저히 그리고 깊이 하셨다.

목회를 하는 동안 나는 기도원에 계신 어머니의 전화를 가끔 받았다. 전화 속에서는 앞으로 다가올 시험이나 혹은 좋은 일에 대해 미리 언질을 받았다. 그럴 때마다 한편으로는 감사하고 또 한편으로는 누구게인가 감시당하고 있는 듯한 생각이 들면서 마음이 개운치 않았다. 그러므로 목회를 하면서 두렵고 떨림으로 하나님을 의식하고 기도하시는 어머니를 의식할 수밖에 없었고, 늘 기도에 힘쓸 수밖에 없었다. 어머니는 여성적인 면보다는 중성적인 이미지가 강하셨고 담대하셨다. 당신의 주장을 꺾어 본 적이 거의 없으셨다. 어머니는 한번도 나의 손을 잡아주거나 안아주신 적 없이 항상 강하게 나를 키우셨다. 어떤 어려움이 있어도 사람을 바라보지 말고 하나님을 바라보라고 누누이 말씀하셨다. 이처럼 나는 어머니로부터 환상과 예언과 강함과 포기하지 않는 은사를 받았던 것이다.

나는 어머니가 내게 하신 교육이 체질화되었고 그것이 큰 장점이 있다는 것을 발견하였다. 나는 어머니와 똑같은 방법으로 나의 세 자녀를 키웠으며, 영적인 사역자들을 훈련하고 지도할 때에도 같은 태도로 일관하고 있다.

두 가지가 나에게 내려오다

그러므로 나에게는 감사하게도 수많은 은사들이 강하게 나타나고 있다. 영분별의 은사, 축귀의 은사, 능력 행함의 은사가 특별히 강하다. 환상도 탁월하고 악한 영을 보고 그림을 그리는 것도 상당히 섬세하게 그릴 수 있다. 환상을 보면서 예언하는 사역 방법도 큰 은혜이다. 고린도전서 12장에 나타난 아홉 가지 은사를 모태로 하여 다양한 은사들이 나타나고 있다.

특별히 나는 몸에 있는 세력들을 아주 자세하게 본다. 우리 센터에는 지금까지 영적으로 사모하는 수천 명의 사람들이 다녀갔는데 나만큼 세력을 잘 보는 사람은 한번도 없었다는 말을 수없이 들었다. 방언만 하더라도 내가 기도해주는 사람이 100명이 있다고 할 때 한 사람 한 사람 기도해줄 때마다 방언의 색깔이나 톤이나 계열이 각각 달랐다. 나 역시도 이렇게 수준 높은 방언을 하는 것이 놀라울 뿐이다.

나의 이러한 탁월한 은사들은 결국 내가 만들어낸 것이 아니라 하나님께서 부모님에게 허락하신 것을 더 강하게 하사 내게도 허락하신 것이 분명하다. 나는 목사가 된 후 너무 오랫동안 이러한 은사를 사모하지 않고 평범하게 살아왔다. 이것은 지금 생각해보면 영적인 손실이었다.

부모님은 내가 50세가 넘어 영안이 열리고 이제라도 영적인 사역과 치유 사역을 하는 것을 무척 기뻐하셨다. 이것은 곧 부모님이 하셨던 그동안의 사역을 내가 인정하는 것이 되기 때문에 기뻐하셨고, 또한 그 사역을 자식이 이어간다는 것에 대해 긍지를 느끼셨다. 그리고 이러한 영적 사역 자체를 귀하게 여기시기 때문이기도 하다. 그러므로 내가 더 많은 은사를 받도록 날마다 기도해주셨다.

영성가이며 은사자인 부모님이 은사자인 아들을 위하여 기도해주시니 이 세상에 나처럼 복된 사람이 얼마나 되겠느냐는 생각을 해본다. 그런 기도로 영적 에너지가 위로부터 흘러 들어와 나의 은사가 더욱 강력해지고 깊어진 것이라고 생각한다. 그리고 이 은사는 내 자식에게로 흘러 내려갈 것이라는 사실에 더욱 기쁘다. 나는 내 자녀들이 나와 같이 주의 종으로 살기를 소원한다. 우리 가문에 나타난 이 모든 과정을 돌아볼 때 나는 영적인 삶을 사신 부모님에게 진심으로 감사드린다.

17장 사역을 시작하다

얼굴이 환해지다

영안이 열리고난 후 나는 구름 위를 걸어가는 듯 환상 속에서 살았다. 날마다 입에서는 "주님 감사합니다"라는 말이 끊이지 않았고, 하나님의 임재를 느끼고 살았기 때문에 세상 누구도 부럽지 않았다.

솔직히 대부분 목사의 소원은 규모 있는 교회에서 존경받으면서 목회하는 것일 것이다. 나도 예외는 아니었다. 하지만 지금 나는 세상은 보이지 않고 목회의 성공 같은 것도 아예 잊어버린 채 하나님께서 나를 사랑하시고 만나주시고 은사를 주셔서 진정한 하나님의 사람으로 살아간다는 것이 너무나 행복하였다. 그러므로 나의 표정은 환하게 밝아졌다. 우리 교회 성도들도 목사님의 표정이 너무 좋아졌다고 이구동성으로 말했다. 교회의 주변 분들이나 기도의 동역자들도 똑같이 말했다. 기도를 시작하게 된 이유가 가정과 교회의 여러 문제들, 특히 경제적인 문제가 많이 있었는데, 그 문제들이 당장 해결된 것은 아니었지만 이제 그것은 아주 작게 보였다. 그만큼 주님을 만나고 영안이 열린 것은 세상 모든 것을 얻은 것만큼의 감격이었다.

그렇지만 내가 이렇게 깊이 영안이 열린 것을 사람들에게 다 말할 수는 없었다. 주변 사람들에게 영안이 열려 내가 체험하고 본 것을 몇 가지만 이야기해도 어떻게 그런 일이 있을 수 있느냐며 받아들이지 않았기 때문에 더 이상 깊은 이야기를 할 수 없었다.

이런 반응은 성령 충만을 위해 늘 모여 기도하던 동역자들에게서도 똑같이 나타났다. 사실 나는 기도 동역자인 다른 목회자들의 이런 반응에 상당히 실망하였다. 그들은 은사를 사모하면서도 은사의 나타남이 어떤 것인지조차 몰랐던 것이다. 막상 하나님의 능력이 나타나니 놀라서 뒤로 물러선 것밖에 되지 않았다.

그나마 감사한 것은 내가 그동안 은혜를 사모하며 기도원 원장 등 많은 영적 지도자들을 찾아다녔었는데 그들 중 대부분은 나의 은사를 어느 정도 인정해주었다. 그들 중에는 나와 같은 은사를 받게 해달라고 도리어 기도를 부탁하거나 훈련을 받겠다고 여러 번 찾아오는 사람도 있었다. 영적 세계를 아는 사람만이 나를 귀하게 보아주었다.

성도들이 새벽마다 기도를 받다

우리 교회 성도들은 원래부터 은혜를 사모해왔고 내가 그동안 회개하고 은사를 사모한 것을 알았기 때문에 나의 은사를 인정하면서 상당히 기뻐하였다.

내가 영안이 열려 성령이 충만해지자 우리 성도들이 나를 존경하기 시작하였다. 성도들은 대부분 대형 교회에서 중요한 직책을 맡았던 사람들로 구성되어 있었다. 지금까지 나를 인정하고 믿어주었기 때문에 우리 교회에 출석하게 되었지만, 무엇인가 미흡한 점을 느끼는 것 같았다. 때문에 그동안 내가 어떤 지도를 해도 겸손하게 순종하지 않는 느낌이 들었었다. 그런데 내가 영안이 열린 후로는 성도들의 언어나 태도가 예전과는 확연히 달라졌다. 그들은 나를 존경하는 모습을 분명히 보여주었다.

새벽 기도회를 마친 어느 날 성도 한 사람이 기도를 부탁하였다. 오늘 중요한 계약이 있는데 잘 성사되도록 기도해달라고 하였다. 우리 교회에서 이런 일은 처음이었다. 그 성도는 방석을 내 앞에 깔고 무릎을 꿇었다. 나는 그가 무릎을 꿇었기 때문에 자연스럽게 그의 머리에 내 오른손을 얹었다. 그동안 목회하면서 성도들 머리에 안수한 적이 거의 없었는데 이제는 담대해졌다. 또한 안수를 했을 때 하나님이 함께하심을 확신했다.

그 성도를 위해 기도를 시작하자 갑자기 환상이 내 눈 앞에 보였다. 영화처럼 필름이 돌아가는 것이었다. 환상은 당연히 기도를 받으려는 사람에 대한 것이 분명했다. 나는 그에게 환상이 보이는데 본 것을 말해주기 원하느냐고 물었다. 그는 환상이 보이는 대로 설명해달라고 말했다. 환상 속에서는 시커먼 열차가 달리고 있었다. 그런데 그 열차는 굴 속으로 향하고 있었다. 굴 속으로 간다는 것은 고난을 상징하는 것이라는 사실을 금방 알 수 있었다. 그런데 이 열차는 굴 속에 들어가기도 전에 옆으로 탈선하여 굴러 떨어졌다.

나는 본 그대로 설명해주었다. 영성가나 은사자는 본 그대로 말해야 한다. 스토리텔링을 들은 그는 안색이 좋지 않았다. 이것이 무슨 뜻이냐고 나에게 물었지만 사실 그는 대답을 짐작하고 있었을 것이다. 그의 짐작과 내 대답은 일치하였다.

기도가 끝나자 또 다른 사람이 기도를 부탁하였고 나는 그때마다 환상을 보고 설명해주었다. 지금까지 20년 목회를 하는 동안 환상을 보면서 기도한 것은 이번이 처음이었다. 나는 다른 목회자들이 꼭 환상을 볼 필요가 있느냐고 물으면 만일 환상을 보는 것이 성도의 영적 상태를 아는데 조금이라도 유익할 경우 그것을 마다할 이유가 없다고 말하고 싶다. 그리고 그 환상은 하나님이 보여주시는 것이고 단지 나는 보는 것뿐이다. 사실 환상을 보면서 기도하는 사람이 얼마나 되는지 궁금하였다. 어쨌든 그 후로 나는 성도들을 위해 기도하기만 하면 환상이 보였고, 그 환상을 보고 기도한다. 환상 속에서는 그 사람의 상태와 회개할 것과 결과가 보였다. 그 후부터 성도들이 나에게 기도를 부탁하는 횟수가 점점 늘어났다.

새벽마다 나는 성도 한 사람 한 사람을 위해서 환상을 보면서 기도하였고, 성도들은 가족이나 친척들을 교회로 데려와 환상을 보고 설명해주는 기도를 받거나 영 진단을 받았다.

성도들은 담임 목사인 나를 자랑하느라고 입에 침이 마르지 않았고 우리 교회의 성도가 된 것을 뿌듯하게 생각하였다. 목회는 점점 바빠졌다. 설교하고 심방하고 상담하고 하는 목회 사역 위에 영적 사역들이 추가되었으니 사역이 더 많아지고 깊어졌다.

하우스 클리닉을 하러 다니다

내가 건물에 있는 악한 영과 죄를 보고, 땅에 있는 악한 영과 죄까지 보게 되자 사람들은 자신들의 집이나 자신이 목회하는 교회에 와서 영적 청소를 해달라고 요청을 했다.

어떤 집에 들어가 보면 여러 악한 영들이 거실이나 방, 심지어 베란다에까지 있었다. 특별히 가난의 영은 영 자체도 보이지만 빈 깡통이나 살이 없는 생선뼈로 보였다. 살인의 영은 칼로 보이거나 목을 매는 밧줄로 보였다. 사치의 영은 화려한 옷이 공중에 걸려 있었다. 폭력의 영은 서로 싸우는 모습이 보였다. 하나님은 그 집에 있는 악한 영들을 보여주셨고,

우리는 집 주인에게 회개할 것을 가르쳐주었다. 악한 영들을 내쫓는 길은 하나님께 회개하는 것 외에 다른 길은 존재하지 않는다.

어떤 교회의 영적 청소를 했을 때의 일이다. 그 교회의 땅을 환상으로 보니 조그마한 도랑이 보였다. 그리고 사람들이 개를 잡아서 죽이는 모습이 보였다. 아마도 이 교회 자리는 옛날부터 개를 잡았던 장소였던 것 같았다. 교회 밖으로 나가서 지형을 추측해 보니 틀림없이 그런 장소였다. 이러한 것도 깨끗함에 방해가 된다.

지하에 있는 교회를 가본 적도 있었다. 우리가 그 교회에 들어가니 영들이 벽에서 교회 쪽으로 머리를 내민 채 여러 놈이 붙어 있었다. 우리는 담임 목사님과 함께 악한 영이 있는 이유를 분석한 후 회개하였고, 영들을 쫓아내었을 때 그 영들은 교회 안에서 물러가기 시작하였다.

악한 영들이 교회 안에서 물러가면 당연히 교회는 영적 유익을 얻게 된다. 교회 안에 영들이 존재하는 이유는 교회를 망하게 하기 위해서임이 분명하다. 악한 영들을 쫓아내면 공간 속에 실체로 있던 악한 영들이 없어지므로 교회 안에 들어갔을 때 상쾌한 느낌이 들고 몸이 눌리는 느낌이 들지 않게 된다. 평범한 성도들이 기도할 때도 시원하게 기도가 잘되고 말씀을 들을 때도 막히는 것 없이 귀에 잘 들리게 된다. 악한 영들의 훼방을 받지 않으므로 성도들이 다툴 이유가 없고 성장하게 된다.

혹시 교회 안에는 악한 영들이 없을 것이라고 생각하는 사람이 있다면 그는 영적 세계에 대한 초보자라고 말할 수 있다. 하나님도 계시지 않은 곳이 없으시고 사탄의 세력도 없는 곳이 없다. 악한 영은 과거 구약 교회 시절 성전 안에 우상을 세우기도 하고 예수님의 제자인 가룟 유다에게 들어가 주님을 팔도록 만들기도 하였다. 그리고 하나님이신 주님께도 가까이 와서 시험하였다.

사탄은 두려워할 존재도 아니지만 무시할 수도 없는 어둠의 세력이다.

이런 세력들은 사람의 몸이나 집이나 교회를 가리지 않고 들어와서 역사한다.

세력이 붙는 것을 알다

나는 지금까지 7년간 신학교를 다니고 20년을 목회하고 50세가 넘도록 살아왔지만 악한 영의 존재에 대해서 너무나 아는 것이 없었다. 사탄과 그의 졸개들인 악한 영들은 상상이 아니라 실체였던 것을 영안이 열린 후에야 알았다. 내가 어느 정도 회개를 하고 영안이 열려보니 악한 영은 조그마한 실과 같은 투명한 형체를 하고 있었다. 작은 것은 가느다란 실과 같지만, 큰 것들은 성경에서 말하는 것처럼 뱀과 같기도 하고 용과 같기도 한 형체를 하고 있었다.

나는 지금까지 수도 없이 사탄이나 귀신이나 악한 영에 대해 말을 했지만 이렇게까지 악한 영들이 살아 꿈틀거리고 사람의 몸속에 있는지를 뼈저리게 체험하게 될 줄은 몰랐다. 영안이 열리지 않은 사람은 악한 영에 대해 잘 인식하지 못한다. 몸속에 있던지 몸 밖에 있던지 그 느끼는 것이 상당히 미미할 수밖에 없다.

영안이 열린 후 내가 제일 불편했던 점은 사람들을 만나면 그 상대방의 몸에 붙어 있던 영들 중 일부가 내 몸에 붙는 것인데 그것을 느낄 때마다 상당히 불편하고 어떤 때는 고통을 느끼기도 했다. 무엇보다 현재 내 가족에게 붙어 있는 영이 나를 더 괴롭혔다. 나는 아버지와 어머니를 만나는 것이 고역이었다. 어느 누구에게 있는 악한 영보다 우리 부모님에게 붙어 있는 악한 영이 나에게 잘 붙었다. 나는 대화를 나눌 때에도 부모님에게서 조금 떨어져 있었다. 잘 모르는 사람들은 나의 이러한 태도에 의문을 품을 수도 있다. 그렇지만 나로서는 그 시점에서는 그렇게밖에 할 수 없었다.

사실 이제야 내가 느끼고 있는 것뿐이지 가족끼리 악한 영이 전이되기 때문에 과거에 나에게 부모님의 영이 많이 붙었었다. 만일 부모님이 회개를 많이 하셨다면 그분들에게는 영들이 많지 않기 때문에 나에게 피해를 주지 않았을 것이다. 나는 부모님들에게 회개할 것을 가르쳐드렸고 이것이 우리 가정이 사는 길이라고 말씀드렸다.

회개를 많이 한 사람을 만나면 나는 마음이 기쁘고 영들의 공격을 거의 받지 않는다. 나에게 달라붙을 만한 영들이 별로 없거나 약하기 때문이다. 그러나 회개하지 않은 사람을 만나는 것은 너무나 괴로운 일이 되었다. 나는 버스를 타고 갈 경우에도 앞에 앉아 있는 사람에게 붙어 있는 세력이 보였고 그것들이 나를 쳐다보며 불편하게 하는 것을 느끼며 괴로웠다.

그러므로 영안이 열린 이후 나의 생활에는 변화가 일어났다. 될 수 있는 한 사람을 만나지 않게 된 것이다. 치유받기 위해 온 사람들은 만날 수밖에 없지만, 그 외에는 사람들과의 교제를 조심하고 주님께 나아가는 시간을 많이 가졌다. 아마도 수도사들이 사람들과의 만남을 꺼렸던 것도 이런 이유가 일부분 있을지도 모르겠다.

사역을 시작하다

영안이 열린 후 우리 교회 성도들을 대상으로 사역을 시작하였다. 그동안 대형 교회를 다닌 사람들이 많이 있었는데 영적인 갈증을 많이 느꼈다고 했다. 그래서 우리 교회를 나오기 시작하였는데 내게서도 영적으로 얻을 것이 별로 없어 조금은 실망하고 있었다. 그러던 차에 내가 성령 충만하고 은사를 받게 되었으니 성도들이 그렇게 좋아할 수가 없었다. 우리 교회에 나오지 않는 다른 가족까지도 나에게 사역을 받기 위해 데려왔다.

나는 전도사 시절부터 그때까지 30년간 목회하였으나 이렇게 목사로서 권위를 인정받고 뜨겁게 환영받는 경험은 처음이었다. 사람들은 나를 진정한 하나님의 사람이라고 생각하였다. 내가 사람들에게 찾아간 것이 아니라 사람들이 나에게 스스로 다가왔다. 나는 이런 모습이야말로 진정한 하나님의 사역자의 모습이라고 생각한다. 목회는 이렇게 해야 한다.

내게 자랑할 만한 점이 없지는 않았다. 목사이신 아버지를 둔 것이나, 괜찮은 신학교를 나온 것이나, 그런대로 설교를 잘한다거나, 대인관계가 좋다는 말도 들었었다. 또한 외부 활동을 하면서 중요한 직책도 많이 맡았었다. 교회에서의 경험도 많았고 초등학교부터 신학대학원까지 서울에서 공부한 것도 장점이라면 장점이었다.

그러나 영안이 열려 영적 세계를 알고 나에게서 강력한 능력이 나타난 후로는 이전의 모든 것들은 별로 빛을 발하지 못하였다. 사실 이전에 나를 직·간접적으로 드러냈던 내용은 너무나 일반적인 것이고 탁월한 것도 아니었다. 지금 사람들이 나를 찾아오고 존경하는 것은 오직 영적인 사람이 되었기 때문이다. 이것은 남들이 쉽게 흉내 내거나 따라오기 어려운 능력이다.

아버지가 귀신을 쫓아내시고 병자들을 치료하신 일들은 옆에서 오랫동안 보았지만 내가 직접 사역을 해본 경험은 거의 없었기 때문에, 처음 사역을 시작할 때는 어떻게 해야 하는지 난감하였고 시행착오도 많이 겪었다.

주변부터 시작하다

나는 먼저 우리 가족을 사역하였다. 악한 영들을 진단하고 쫓아내는 것이 첫 번째 사역이었다. 그다음에는 내 형제들을 사역하였는데, 내가 어느 날 갑자기 평범한 목회를 하다가 은사를 받고 영적인 사역을 해주겠다고 했을 때, 나를 믿어주고 사역을 받은 형제들에게 감사한다. 내게는 네 명의 동생이 있는데 나에게 사역을 받고 영적 훈련을 받으면서 몇 달이 지나지 않아 영안이 열려 영적인 세계로 들어갔다. 동생들도 아마 나처럼 부모님의 영적 은사를 물려받았기 때문인 것으로 보인다. 구태여 따지자면 나의 수고는 불과 몇 퍼센트에 불과할 것이고, 나는 그들의 잠재되어 있던 영성을 깨우쳐 영적인 길로 인도한 것뿐이었다.

그리고 나는 수십 년 동안 교제한 친구 목사 부부들을 만났다. 그리고 거의 일 년 동안 내가 두문불출하고 기도에 힘쓴 결과 영안이 열렸다는 것을 말해주었다. 전혀 인정하지 않는 친구들이 대부분이었고, 어느 정도 인정은 하지만 사역을 받겠다거나 회개를 하겠다고 하는 사람은 거의 없었다. 그래도 어떤 친구는 나를 전적으로 신뢰하고 영적 진단을 받고 회개하기도 하였다.

지난 6개월 동안 함께 모여 기도한 기도 동역자들에게도 내가 영안이 열린 사실을 알렸다. 그 중의 몇 명은 나를 전폭적으로 지지하고 온 가족이 나에게 사역을 받았으며 수십 명의 성도들을 데려왔다. 그러나 그렇게 은사를 사모했던 다른 동료들은 내가 너무 지나치다고 생각할 정도로 영안이 열려서인지 경계하고 반신반의하였다. 그리고 우리는 서로 서먹서먹해하다가 사이가 벌어졌다. 그들은 내가 영안이 열리는 길이 있음을 아무리 설명해도 내 말을 들을 마음이 없는 것 같았다.

시간이 지나면서 많은 사람들이 사역을 받기 위해 나에게 찾아왔다. 나의 형제들이 목회하거나 출석하는 각 교회에서 20명씩만 와도 100명인데, 거기에 기도 동역자들의 교회에서 오는 사람들과 소문을 듣고 찾아오는 사람들로 인해 센터는 그야말로 사람으로 가득 차게 되었다. 아무리 적어도 하루에 10명 이상이 나를 찾아왔으며, 제일 많을 때에는 하루 32명이 찾아온 적도 있었다.

나는 주로 일대일로 사역을 하였다. 그래야만 정확히 그 사람의 문제를 진단하고 사역하면서 악한 영이 나가는 전 과정을 지켜볼 수 있다. 그리고 그것이 정확한 사역이라고 생각한다. 그러므로 한 사람을 위하여 1시간 정도의 사역을 한다고 했을 때 내가 얼마나 바쁘게 살았는지는 짐작할 수 있을 것이다.

나는 아침 9시에 출근하면 밤 12시가 넘어서야 집으로 돌아오는 날이 대부분이었다. 영안이 열린 후 몇 년 동안 하루도 치유 사역을 쉰 날이 없는 것으로 기억한다. 사람들이 많이 찾아와 쉴 수도 없었고, 주님이 영안을 열어주시고 능력을 주신 것이 감사하여 열심히 일하지 않을 수 없었다. 더군다나 지난 10년 동안 목회를 한다고 하면서도 영적으로 무지하여 게을렀던 데다 쓸데없는 일에 시간을 낭비한 것이 죄스러워서라도 쉴 수가 없었다.

사역을 받으러 온 사람들에게 내가 받은 은사를 적절히 활용하여 만족할 만한 사역들을 해주었다. 그들 중에는 이유 없이 몸이 아픈 사람들이 많았다. 병원에서 병명을 모르고 처방도 내려주지 않은 사람들이 너무 많았다. 나는 한 사람도 어떤 진단 없이 그대로 보낸 적이 없다. 찾아온 그들의 영을 진단하여 어떤 상태인지를 알려주고 하나님께 회개하도록 도와주었고, 그렇게 사역을 하면 몸이 거의 나았다. 특히 사역을 하면서 몸속에 있는 악한 영을 불러내면 온 몸에 경련이 일어나면서 이리저리 구르는 사람도 쉽게 볼 수 있었다.

신체 장애가 있는 사람도 세력으로 인한 것이라면 치료되었다. 자신의 영적·육적 상태가 어떤지를 알고 싶으면 여러 진단을 통하여 실체를 알려주었다.

현재 영적 사역을 하고 있는 사람들 중에서 자신에게 어떤 은사가 있는지 알고 싶어하는 사람들이 많았는데 자세히 가르쳐주었다. 자신에게 어떤 은사가 있는지 궁금해 하는 사람이 너무 많았다. 악한 영들도 몸에 많이 있지만 하나님이 허락하신 은사도 개인마다 많이 있다. 자신에 대해 주님의 마음이 어떤지 알고 싶은 사람에게도 자세하게 주의 뜻을 전달해주었다.

가문의 죄가 무엇인지 알고 싶은 이에게 그 자리에서 가르쳐주었다. 그야말로 영적인 것이라면 못할 일이 없었다. 그들 중에는 고위 공직자도 있었고 재벌가 사람도 있었다. 그리고 고시에 합격한 사람이나 교사, 한의사들도 방문했다. 그리고 큰 교회를 시무하시는 목사님이나 나보다 선배 되시는 목사님들도 찾아오셨다. 외국에서 중형 교회를 담임하시는 분도 오셨고, 수십 년 동안 선교지에서 수고하시던 분도 만났다.

나는 불과 일 년 전 청계산에 올라가 영적 도전을 받고 기도를 시작하였는데, 지금 이렇게 영적으로 최고 수준의 사역자로 존경을 받으면서 일한다는 것이 꿈만 같았다. 그러나 그것은 절대적인 하나님의 은혜로 된 것이기 때문에 자만할 수 없었고 겸손히 충성하려고 애썼다.

많은 영적 치유 사역자들이 나에게 진단을 받기 위해 왔다. 그 중에는 10년, 20년 전문 치유 사역자로 일하신 분들도 있었다. 그들은 나의 진단을 받고 치유 혹은 축귀 사역을 받았다. 그들도 나의 영분별 은사와 강력한 기도의 능력을 보고 부러워하면서 하나님께서 이 시대에 사역자에게 놀라운 은혜를 주신 것을 깨달았다.

한편 나와 같이 영안이 열리기를 원하는 사람들이 수도 없이 찾아왔다. 나는 그들을 최대한 도와주었다. 나에게 두세 달 전적으로 훈련받는 사람이 일 년에 100명 정도가 되었다.

방향을 바꾸다

사역을 하면서 강하게 느낀 것은 불신자는 몰라도 교회에 출석하는 사람들은 진단과 회개가 꼭 필요하다는 것이었다. 그래야 성도들이 악한 영에게서 벗어날 수 있다. 그러나 내가 대한민국의 천만 성도를 다 사역할 수 없는 것이 한계다. 이것은 시간적으로도 체력적으로도 불가능할 뿐더러 나를 모르기 때문에도, 혹은 교단이 달라서도 그리고 나를 신뢰하지 못해서라도 나에게 오지 않을 것이기 때문이다. 만일 나를 믿어주는 큰 교회가 있다면 아마도 몇만 명 모이는 한 교회를 위해서만 사역을 하다가 내 일생이 끝날지도 모를 일이다.

그렇다면 그 외의 성도들은 하나님의 뜻도 모르고 회개도 모르고 악한 영이 이렇게 공격하고 있다는 것도 모른 채 살다가 죽는다고 하면 나는 가슴이 아파 몸부림칠 수밖에 없을 것이다. 그런데 만일 내가 계속 평신도만을 위하여 사역을 한다거나, 나 혼자 특별하고 유명해진다면 우리 교회는 부흥할지 몰라도 한국 교회를 위해서 별로 유익이 되지 않을 것으로 생각되었다.

치유 사역을 시작한 지 6개월 정도 지난 시점에서 나는 주님께 나와 같은 사람을 이 땅에 100명 더 세워달라고 기도하였다. 그들이 이 땅의 성도들을 치유한다면 나 혼자 사역할 때보다 많은 성도들이 회개하고 주님께 가까이 나아갈 수 있게 될 것이라고 생각하였다.

주님은 나의 기도를 기특히 여기시고 100명이 아니라 더 많은 사람들에게 나와 같은 은사를 허락할 것을 약속하셨다. 나는 나와 같은 동역자와 영적 사역자가 많아진다는 사실에 흥분하였다. 사실 나처럼 영안이 열리고 능력 있는 사람을 만나는 것은 나도 반가운 일이다. 또한 이 길을 함께 가는 사람이 많아진다는 것은 힘이 되는 일이다. 주님도 혼자 일하시지 않고 제자들과 함께 일하셨다.

나는 이러한 뜨거운 마음으로 영안이 열리기를 소원하여 나에게 찾아온 분들을 위해 여러 가지 방법을 동원하여 그 길로 인도하였다. 지금까지 하나님께서 나를 도구로 사용하여 100명이 아니라 600명 가까운 사람들을 세워주셨다.

그들을 통하여 이 책을 쓰고 있는 현재까지 공식적으로만 70여 개의 센터와 비공식적으로 30~40개의 센터가 전국에 세워져 100개 이상의 센터에서 영적인 치유 사역을 하고 있기 때문에 내 기도는 어느 정도 이루어진 셈이다. 그리고 각 센터마다 내가 하던 것과 같이 치유뿐 아니라 영안을 열어주는 사역을 하고 있기 때문에 그 파급 효과가 엄청나다는 것을 실감하고 있다.

치유 사역을 하면서 내 아내가 큰 도움이 되었다. 아내는 내가 처음 영안이 열리고 사역을 시작했을 때 조금은 머뭇거렸다. 그러므로 처음에는 서로 마찰이 생겨 마음이 편하지 않았다. 하지만 하나님의 은혜로 곧 회개를 시작하였고 철저히 주님께 엎드렸다. 그리고 영안이 활짝 열렸다. 영적이든 육적이든 깨끗하고 단순한 사람들이 영안이 잘 열리는 것을 볼 때 아내도 그러한 소양을 가진 것으로 보인다. 아내는 열정을 가지고 치유 사역을 열심히 돕고 있다.

나는 혼자 시작했을 때 엄청난 시간을 사역에 쏟아 부었으나 아내의 도움으로 어느 정도 여유를 갖게 되었다. 또한 서로 보완관계로 일하면서 더 풍성한 사역을 할 수 있게 되었다. 아버지와 어머니가 모두 은사자이시면서도 여러 부분에서 서로 마찰이 일어난 것을 보았고, 그로 인해 사역이 성장하는 데 장애가 되었던 것을 본 적이 있기 때문에 우리는 그런 일이 발생하지 않도록 최대한 신경을 쓰면서 사역했고, 때문에 열매가 더 크게 나타났다.

비록 내가 목회하는 교회의 성도가 많지 않고, 많은 물질을 얻은 것도 아니지만, 지금까지 나를 통해 일하신 하나님의 역사는 물질이나 말로 표현하기 어려울 정도로 크고 넓다.

수십 년 동안 내 마음속에 새겨 놓은 말이 있다. "그는 흥하여야 하겠고 나는 쇠하여야 하리라"는 세례 요한의 말이다. 주님만 좋으시다면 나는 어떻게 되어도 감수하겠다는 마음을 가지려고 애를 썼다.

18장 실로암 선교회를 세우다

 2005년 1월 1일부터 일 년 동안 사역을 하고 새해를 맞이하게 되었다. 그동안 치유를 받은 사람과 나와 같이 영안이 열린 사람이 10여 명 이상이 되었고, 내가 행하고 있는 사역이 성경적이며 꼭 필요한 것이라고 인정하면서 나를 귀하게 여겨주는 사람도 많아졌다. 나는 그동안 많은 친구들과 많은 물질을 잃어버려 심적으로 고통 속에 있었지만 이제는 소중한 영적인 친구들을 새롭게 얻을 수 있었다.

 나는 이 사역이 국내뿐 아니라 온 세계로 퍼져나가기를 간절히 소원하였다. 그러기 위해서는 사역자들이 서로 모여 교제하고 기도하고 영적인 사역을 함께하는 모임이 필요했다. 나는 주변 사람들과 의논하여 선교회를 세우기로 결정하였다. 우리 사역의 특징은 먼저 깊은 회개를 통하여 거룩해지는 데 있다. 회개를 하려면 무엇을 회개해야 하는지 자신이 지은 죄를 알아야 하는데, 우리는 그 죄로 인해 들어온 영들을 가르쳐줌으로써 신속히 죄의 문제를 해결해나갈 수 있다. 이것은 진정으로 교회가 우선적으로 할 일이다.

또한 회개하여 죄를 씻김 받아 거룩해진 사람에게 하나님께서 능력을 주시므로 이렇게 큰 능력을 받은 사람들이 사탄과도 싸우고 성도들을 온전히 세우게 해야 한다. 오늘날 성도들이 신앙적으로나 육체적으로 병들고 신음하는 경우를 우리는 흔히 본다. 그러므로 예수님께서 실로암 연못에서 병자를 치료하신 것을 모델로 생각하고 실로암 세계 선교회로 이름을 지었다.

실로암이라는 이름은 그 당시로부터 20년 전인 1985년 내가 서울 장안동에 처음 개척한 교회 이름이다. 그때는 다른 목사님이 지어준 이름이었기 때문에 큰 의미를 두지 않았지만, 다시 생각해보니 하나님께서는 나에게 실로암 사역을 하라는 뜻이 계셨던 것 같다.

또한 15년 전인 1990년에 내가 선교회를 조직하려다가 교회를 사임하고 새로운 교회로 부임하면서 무산되었는데, 이제야 그 일이 회복이 되었다. 나는 생각지도 않게 오랜 세월 잃어버렸던 실로암이라는 이름과 선교회라는 두 개의 보화를 한 번에 되찾게 되었다.

하나님의 은혜로 실로암 사역과 선교회는 해마다 성장하였다. 그 사역을 통해 많은 영성가와 치유 사역자들이 양성되어 교회와 성도들을 회복시키고 회개 운동이 퍼져나가게 되었다. 지금까지 정식으로 훈련받은 사람이 570명이 넘는다. 진정 감사할 일이다. 그리고 지금도 하나님의 은혜로 선교회가 든든하게 서가고 있다. 2007년도에는 정상적인 영적 운동을 해나가기 위해 한국독립교회 및 선교단체 연합회에 가입하였다. 실로암 선교회는 공식·비공식적으로 100여 개가 활동하고 있는데 아마도 주님이 사역을 더 확장시켜나가실 것으로 믿는다.

19장 | 이별

옛 사람들과 멀어지다

우리 가족과 형제들은 내가 영안이 열려 사역하는 것을 지지해주었고, 그들도 사역과 훈련을 통해 대부분 영안이 열렸다. 지금은 우리 가족 거의 모두가 나와 같은 길을 걷고 있는 것이 너무나 감사하다. 나는 우리 가문의 영적 파워에 대해, 그리고 하나님께 쓰임받는 것에 대해 영광을 올려드린다.

어떤 목회자 가문에는 학자들이 많이 나오고, 어떤 가문에는 목회를 잘하시는 분들이 많은데 우리 가문은 영적인 치유사역자 가문으로 자리매김했다고 나는 말하고 싶다.

이 부분에 대해 나는 상당한 긍지를 가지고 있다. 영안이 열리는 것은 지식이 많거나 재산이 많다고 되는 것이 아니고, 하나님의 크신 은혜와 본인의 깊은 회개가 없다면 이루어질 수 없는 것이기 때문이다. 그러므로 영안이 열리거나 영분별의 은사를 받는 것은 역사적으로 소수에게만 이루어진 것이 현실이다.

나를 환영하는 우리 집안과 달리, 기도회 동역자나 다른 친구들 또는 목회자들 중에 나의 은사를 인정하는 사람과 인정하지 않는 사람을 비율로 생각해보면 반반 정도 되는 것 같다. 그리고 인정하든 안 하든 나를 가까이 하는 것을 꺼리는 것으로 보인다. 영안이 열린다는 것은 개인의 비밀스러운 죄까지도 알 수 있는 것이기 때문에, 숨기고 싶은 부분에 대해 내가 알 수 있다는 우려로 사람들이 불편해하였다. 그러므로 어떤 사람에게는 내가 만나고 싶은 사람인 반면, 어떤 사람에게는 만나고 싶지 않은 사람이 되어버렸다.

영안이 열린 후 나는 기도 모임의 목회자들에게 그들의 영적 상태를 알려주었다. 대부분 영안이 열린다는 것은 알고 있었지만 실감이 나지 않는 모습들이었다.

나는 그 동역자들이 그동안 영적인 능력을 받고 싶어하는 열정이 큰 것을 알았기 때문에 나처럼 열리기를 바라는 마음이 간절했다. 그러나 어떻게 영안이 열리는지에 대해 나에게 자세히 묻거나 가까이 하는 사람은 얼마 되지 않았다.

나는 영안이 열린 후 기도 동역자들의 상태가 너무 잘 보였다. 눈을 감고 있거나 뜨고 있거나 영적 상태가 보였다.

한번은 어느 가정에 초청을 받아 갔는데 사모님이 차를 가져다주셨다. 나는 무심결에 그를 보는데 그 사모님의 자궁에 칼이 한 자루 보였다. 그것은 칼 한 자루 사이즈만큼의 살인의 영이 있다는 증거이다. 이것은 그가 자궁에 어떤 종류이든 수술을 했다는 증표였다. 나는 무심코 "사모님 배에 칼이 보이네요" 하였다. 사모님은 깜짝 놀라면서 "보지 마세요"라고 하며 무척이나 당황해하셨다.

나는 그 당시 영안이 열린 초보자로서 말이 하고 싶어 견딜 수 없었다.

전문 사역자는 상대방이 사역을 원해 정식 사역을 할 때 그의 영적 상태를 말해야 하는데 아무 때나 말을 해버렸으니 큰 실수를 한 것이었다. 내가 그렇게 말한 이후 기도회 모임에 소문이 퍼져서 나를 이전처럼 반갑게 대하지 않는 분위기였다. 나는 실수를 인정하고 조심하였다.

그러던 중 나는 또 문제를 일으켰다. 기도회 멤버 중 한 분은 선교사로 오랫동안 수고하신 분인데 국내에서 얼마 전 목회를 시작하셨고, 훌륭한 분이셨다. 그런데 이분에 대해 몇 가지 궁금한 것이 있었다. 그는 운동 중 갑자기 뒤로 넘어져 잠깐 동안 의식을 잃은 적이 있다고 했다. 그러므로 동역자로서 평상시 관심을 가질 수밖에 없었다. 또 하나는 그분을 모셔서 우리 교회에서 기도회를 했는데 강단에서 계속 왔다 갔다 하면서 설교하셨는데, 자신은 늘 그렇게 한다는 것이었다.

무언가 다른 목회자들에게서 발견할 수 없는 연구할 만한 부분이 있어 보였다. 그러던 차에 서로를 위해 합심으로 기도하던 중 그의 뇌를 순간적으로 보았는데 미신 성향의 세력이 뇌에 70퍼센트나 차지하고 있었다. 나는 이 정도의 세력이 있는 사람에게는 "당신 가문에 무당이 있느냐?"고 꼭 물었다. 나는 그를 사랑하는 마음으로 "목사님 머리에 무당 파워가 70퍼센트나 됩니다!"라고 말했다. 그는 안색이 변하였고 그 후 우리의 기도 모임은 어색해졌다. 사실 그 세력은 회개하여 속히 내보내야 했다.

나에게는 대학과 신대원을 함께 공부한 친구들이 많이 있다. 그들은 정상적인 목회자들로서 목회의 열매를 많이 맺은 모범적인 사역자들이었다. 우리는 30여 년 이상 서로 좋은 관계를 유지하며 지내왔다. 그런데 영안이 열린 후에는 서로 간에 불편한 점이 있음을 발견하였다. 나로서는 회개하지 않은 그들의 몸에 있는 세력들이 나에게 붙게 되고, 또한 죄를 회개하고 주님께 가까이 나아가야 한다는 사실이 내 머리에 박혀 있는데 대화를 하다보면 그들에게 영적인 면보다는 육적인 면이 많이 있었기 때문이다. 영적인 사람은 세상적인 이야기를 들을 때 마음이 힘들어진다.

또 하나는 나를 인정하지 않는 사람과 시간을 같이 보낼 필요가 없기 때문이었다. 영적인 사람이 되면 하나님께 엎드리는 시간을 많이 가져야 하는데 사람들과 어울리다보면 쓸데없이 낭비하는 시간이 많아지기 때문이다.

상대편 입장에서는 똑같은 친구 사이에 허물이 없어야 하는데 한쪽에서 나의 죄를 보고 있다는 것이 기분 좋을 리 없었다. 그리고 대화를 하더라도 공통점이 별로 없기 때문에 대화가 진지해지지 않는다. 또한 한 사람은 영안이 열려 무언가 깊이가 있어 보이고 대단해 보이는데, 상대방은 평범한 목회자일 때 일치감을 느끼지 못하게 된다. 영안이 열린 후 나는 오랜 친구들과 일 년에 한 번도 만나지 못하였다. 가끔 생각이 날 때도 있었지만 선뜻 연락하여 만나자고 하기가 쉽지 않았다.

이전 교회의 성도들도 가끔씩 찾아왔지만 내가 그때의 편안하고 평범한 목사가 아니었기 때문에 낯설고 익숙하지 않아 거리감을 느끼고는 찾아오지 않을 뿐 아니라 전화조차도 하지 않게 되었다.

나는 서울이 고향이다. 초등학교 시절 한 동네에 살던 친구들이 서울 곳곳에 흩어져 살고 있는데 나의 소식을 듣고는 전화를 잘하지 않는다. 어떤 친구들은 우리 교회에 방문하기도 하지만 대부분은 모른 척하고 지낸다. 어떤 친구는 가끔 전화로 "한 목사, 요즘 하늘에 오르락내리락 한다며?" 하면서 부러움 반 시샘 반 그리고 의심 섞인 말을 했다. 나는 웃음으로 대답했다.

그런 중에서도 나를 인정하고 격려해주는 사람이 내 주변에 많이 있는 것은 감사할 일이다. 더 감사한 것은 나에게는 영적으로 깨어 있는 새 친구들이 오늘도 수도 없이 생겨나고 있다는 것이다. 이 시대는 영적인 시대이고 그 한가운데에 나와 동역자들이 서 있다고 확신한다.

노회에서 떠나다

내가 영안이 열리고나서는 일반 목회보다 치유 사역에 더 전념하였다. 아내와 함께 사역을 하니 그렇게 보람되고 재미있을 수가 없었다. 쉽게 표현한다면 이 사역은 우리 체질에 딱 맞았다. 만일 내가 더 젊어서 영안이 열렸다면 그 아까운 시간을 쓸데없는 곳에서 낭비하지 않고 얼마나 주님을 기쁘게 해드렸을까, 목회 사역이 얼마나 더 빛이 났을까 하는 생각을 수도 없이 하며 아쉬워했다. 그러나 모든 일이 내 마음대로 되는 것은 아니다.

내가 속한 노회의 동역자들 가운데는 나의 사역에 대해 이의를 제기하는 사람들도 있었다. 그것은 내가 충분히 예견했던 일이다. 우리 교단은 보수적이었고, 은사나 치유 부분에 대해 상당히 부정적으로 보는 시각들이 많았기 때문에 어쩌면 당연한 일이기도 했다. 나 역시 그 안에서 20년 이상 목회했기 때문에 그러한 생리를 잘 알고 있었다. 나는 의혹이나 비판받는 것이 싫어서 사역을 확대하거나 광고하지 않고 늘 조심조심 해나가고 있던 중이었다. 하지만 언젠가는 알려질 수밖에 없는 일이었다.

나의 사역에 대해 알게 된 노회원들 중 어떤 분들은 큰 은사를 받았다고 축하해주었지만, 반면에 문제를 제기한 분들도 있어서 노회에서 나의 사역에 대한 토론이 벌어졌다. 어느 목회자가 자신의 일이 노회에서 거론되는 것을 부담스러워하지 않겠는가. 더군다나 나의 경우 이 은사가 과연 하나님께서 허락하신 것인가, 아니면 악한 영들에게 사로잡혀서 행하는 것인가, 아니면 그 정도는 아니지만 무언가 수상한 내용이 있는 것은 아닌가 하는 의혹의 대상이 되었다는 사실이 나로서는 심히 부담스러운 일이었다.

혹시라도 하기 쉬운 말로 사이비가 아니냐고 의혹의 눈초리를 보낸다면, 목회자였던 부모님과 목회하고 있던 형제들, 그리고 자녀들까지 망신을 당할 수 있는 일이었다. 내가 잘못 평가를 받는다면 우리 가문 전체가 오명을 쓰게 되는 것이었다. 그럴 수밖에 없는 것이 우리 형제와 우리 아이들 대부분이 이 사역을 지지할 뿐만 아니라 대부분 영안이 열렸으며, 나와 함께 사역을 하고 있었기 때문이다.

노회는 나의 사역에 대해 문제를 제기했지만 내 문제에 대해 살피면서 공평하게 하려고 애썼다. 먼저 위원을 세워 나를 면담하고 나의 의견을 충분히 들었다. 그런 다음 나의 모교 교수님들과 대화할 수 있는 기회를 마련해주었다. 또한 몇 명의 교수님들께 나의 의견과 사역에 대해 설명하는 글을 보내고 답변을 받았다. 나는 이러한 정상적인 절차를 밟아준 동역자들의 인격과 공정성에 감사한다.

지금은 다 지난 일이지만 다른 단체 같았으면 아마 깊이 없는 결론을 쉽게 내렸을지도 모른다. 아쉬운 점이 있다면 보다 정확한 판단을 위해 우리 센터를 오픈하여 노회원들이 직접 보고 정확한 평가를 할 수 있도록 돕겠다는 의견을 여러 번 전달했지만 아무도 우리의 사역을 보러 오지 않았다.

이런 여러 과정을 거친 후 노회가 열렸을 때 종합한 내용이 노회원들에게 알려지고 토론에 들어갔다. 나는 토론하는 자리에 있었기 때문에 모든 사람의 발언을 들을 수 있었다. 어떤 분은 하나님의 은사가 맞다고 하였고, 어떤 분은 악한 영이 보이며, 또 무언가 보인다고 하는 것은 믿지 못하겠다고도 하였다. 충분한 토론이 있었기 때문에 나는 결과가 어떻게 나오든 존중하기로 마음먹었다.

나는 노회의 지도에 따라 회의 중간에 집으로 돌아왔다. 노회원들은 저녁 늦은 시간까지 토론하였고 나의 사역을 어떻게 할 것인가를 놓고 가부를 물었다.

　나중에 이야기를 들었는데 15 대 13으로 사역을 하지 말라는 권고를 하기로 결정되었다고 하였다. 상당수는 기권을 하였다. 노회의 지도를 따른다면 나는 영적 사역 혹은 치유 사역을 포기해야만 했다. 노회원들이 나의 사역을 인정할 수 없는 것으로 보았다는 뜻이다. 그렇지만 감사한 것은 당사자가 없는 자리에서도 나의 사역을 지지해주는 분이 거의 반 가까이 되었다는 사실에 나는 정말로 감사하였다. 사실 입장을 바꾸어서 내가 다른 사람의 사역을 평가하는 자리에 있었다 하더라도 본인이 자리에 있지도 않은데다 여러 사람이 문제를 제기하고 있는 분위기에서 자신에게 무슨 유익이 있다고 선뜻 나서서 변호하거나 쉽게 인정할 수 있겠는가. 어쨌든 모임이나 단체의 결정에는 그에 대한 책임이 따른다.

　그 후 나는 노회에 소속된 몇몇 목사님들을 만나게 되었다. 그분들의 한결같은 충고는 내가 노회를 떠나 자유롭게 활동하는 것이 어떻겠느냐는 것이었다. 내가 존경하는 선배 목사님 몇 분도 같은 의견이셨다. 그리고 존경하는 어떤 교수님은 영적 사역 전문가이신데 내게 이 사역을 절대 포기하지 말라고 하시며 나를 지지해주셨다. 이 시대에 치유 사역이 꼭 필요하다고 일러주셨다.

　나는 그때까지 노회가 지도하는 대로 다 따랐다. 그러나 내가 하는 사역은 하나님께서 주신 은사가 너무나 분명하기 때문에 중단할 수 없었다. 나는 교회개혁자나 종교개혁자들을 들먹이면서 나도 그렇다고 말하지 않는다. 하지만 교회 역사를 보면 하나님의 사람은 신앙과 양심의 자유를 존중히 여긴다고 배웠다. 그러므로 다른 사람이 나를 평가하는 권리가 있는 만큼 나도 내가 믿는 하나님과 신앙에 대해 선택할 권한이 있음이 분명하다.

　그러나 만일 내가 노회에 머무르면서 치유 사역을 계속한다면 또다시 나의 일로 노회가 부담을 안게 될 것이었다. 나는 노회에 피해를 주고 싶지 않았다. 나 하나만 회원의 자격을 포기하고 피해준다면 노회에는 별 문제가 없을 것이다. 그래서 그 다음 노회가 열리기 전 정식으로 탈퇴서를 노회 서기에게 보냈다. 지금까지 내 사역에 대해 많은 토론이 있었으므로 정식으로 마무리를 짓는 것이 옳았다. 그리고 그 서류에는 노회원들이 내 사역을 인정할 때까지 내가 어떤 교단에도 속하지 않고 기다리겠다는 내용을 포함시켰다. 노회는 탈퇴서를 받아들여 내 이름을 노회원 명단에서 지웠다.

그 후 4년이 지났고 나는 지금까지 그 약속을 지켰다. 그러나 지금은 나와 교회가 그 지역을 떠났기 때문에 모든 의미가 없어졌다. 결국 나는 이 영적 사역을 하면서 가까운 친구들을 잃은 데 이어 교단과 노회도 잃었다. 하지만 개별적으로는 계속해서 교제하는 분들도 많이 있다. 하나님의 섭리와 내게 맡겨진 사명을 감당해나갈 때 주변 모든 사람이 동의해주는 것은 아니다. 그러나 모든 사역자에게 주신 사명은 각각 다르므로 확신을 가지고 나아가야 한다고 믿는다.

영의 눈이
열리다
SPIRITUAL
EYES

4부
영성의 깊이를 더하다

20장 영적 탐구

책을 읽기 시작하다

나는 신대원을 다니면서 조직신학에 관심이 많았다. 그러므로 학회도 조직신학학회를 선택하여 활동하였다. 수업 시간에는 벌코프의 책을 보았지만 박형룡의 조직신학은 과제로써 서론부터 다 보게 되어 있었다. 나는 특별히 성령론에 관심이 많았다. 그 이유는 아버지가 젊어서부터 능력이 많은 치유 사역자셨기 때문에 아들인 나로서는 성령에 대해 관심을 가질 수밖에 없었다.

만일 모든 사람에게 성령의 은사가 지금도 나타난다거나, 모두가 병을 치유하고 귀신을 쫓아낸다고 하면 은사에 대해 연구하고 싶은 매력을 못 느꼈을지 모른다. 하지만 부모님은 내가 어린 시절부터 영적인 것을 사모하셨고, 은사를 받아서 많은 사람을 치료하고 계셨다. 그러나 내가 다니던 신학교에서는 은사를 부인하는 쪽으로 가르치는 교수님도 있었기 때문에 나는 혼란스러웠다. 은사를 인정하는 교수님의 강의를 들어도 부모님이 받으신 은사에 대해 시원하게 가르쳐주지 않았다. 신학과 실제, 부모님과 교수님의 경계선에 서 있던 나는 제3자의 판단이 필요하였다.

　자연히 나는 신학교에 다니는 동안 성령과 관계된 수많은 책들을 구입하여 읽으며 그것에 대해 정립하려고 애를 썼다. 은사에 대한 부분을 집중적으로 연구해본 결과 양쪽으로 확연히 갈라졌다.

　한쪽은 지금도 은사가 강력히 나타난다는 것이고 그것은 실제였다. 또 한쪽은 은사가 종결되었기 때문에 은사라고 행해지는 부분에 대해 의문을 품고 있었고, 심하게는 이단이라고 말하는 사람까지도 있었다. 그런데 어느 한쪽이 절대적인 우위를 차지하지 못하고 팽팽하게 맞서고 있었다.

　중간에 낀 나의 태도는 상당히 미온적이었다. 부모님을 따르면 내가 공부한 신학교와 대부분의 친구들과 다른 의견을 갖게 되는 것이고, 신학교와 친구를 선택하는 것이 옳다면, 우리 부모님은 거짓된 분이니 잘못된 부모님을 버려야 하는 상황이 되는 것이었다.

　나는 수많은 책들을 읽는 동안 성령의 역사하심과 특히 은사가 이 시대에도 강하게 나타난다고 주장하는 책들을 보며 위안을 받았다. 우리 부모님의 사역이 성경적이었다는 것과 내가 받은 은혜와 영적 체험도 성경적이며, 교회사적으로도 얼마든지 증거를 댈 수 있다는 사실이 적혀 있었기 때문이었다. 그러나 지난날 교단의 정서에서 벗어나지 않고 평범한 목회를 하던 내가 당장 큰 은사를 받은 것도 아닌데, 단지 영적 체험을 했다고 해서 은사 활동을 할 수 있는 것은 아니었다. 그래보아야 아마추어 수준밖에는 되지 않으므로 속으로는 성령의 역사와 은사를 믿지만, 겉으로는 남들과 같이 평범하게 설교하고 기도하며 심방하고 목회를 하였다.

　글을 쓰는 지금 나는 하나님의 큰 은사를 받았으니 더 이상 거리낄 것이 없다. 더 이상 은사가 종결되었다거나 은사자를 의심하는 사람들의 시선을 의식할 필요가 없다. 그들은 하나님이 아니며, 다른 사람에게 없는 능력과 은사가 실제로 내게 나타나고 있으니 나에게 나타나는 은사를 아니라고 할 수가 없는 것이다. 하나님이 내게 허락하신 영적인 것들을 세상에 드러내는 것이 내 사명에 충실하는 것이다.

나는 계속 독서에 최선을 다하였다. 사역이 끝나고나서는 영성과 성령에 대한 책을 끊임없이 읽었다. 서점에 나갈 수 있는 시간이 거의 없었기에 기회가 되면 성령과 영성에 대한 책을 30-40권씩 구입해오곤 했다.

영안이 열린 후 최근까지 새로 사서 본 책도 350권 정도가 된다. 다른 책을 더 사고 싶어도 내용을 살펴보면 비슷한 것이 거의 대부분이기 때문에 더 이상 책을 살 수가 없다. 가끔 기대를 가지고 서점에 나가지만 빈손으로 돌아올 때가 많다. 새롭고 깊은 내용의 책이 있다면 나는 지금도 수백 권이라도 사서 읽을 마음이 있다. 나는 두 방면의 책을 읽었다. 하나는 수도사들이 행했던 것처럼 깊은 영성과 관계된 책이고, 다른 하나는 사도들과 치유 사역의 거장들이 행했던 능력과 은사에 대한 책이다.

나의 꿈은 기독교에 나타난 모든 영적인 현상들을 일단 그대로 받아들이고 섭렵하는 것이었다. 그래서 어떤 사람에 대해서든, 어떤 영성 운동이나 영적 현상을 이야기하든 내가 그 모든 것을 다 알고 대답해줄 수 있는 사람이 되고 싶었다.

사람마다 자신이 추구하는 것이 있고 그 방면에서는 최고가 되기를 바라는 마음이 있을 수 있다. 나도 예외는 아니고 영성과 은사에 대해서는 세계 최고의 실력자가 되고 싶은 마음이 솔직히 있다. 이것은 세상에서 높아지는 사람이 아니라 하나님 앞에서 존귀히 여김을 받고 싶은 의미라 할 수 있다. 나는 꿈만 가지고 있는 것이 아니라 이 목표를 향하여 다른 것을 다 포기한 채 달려가고 있는 중이라 말하고 싶다. 내가 읽고 도움을 받은 책들이 많이 있지만 독자들이 쉽게 구할 수 있는 책들로 몇 가지를 소개한다.

영성과 관련된 책들

우리나라에는 영적으로 드러난 분이 별로 없기 때문에 큰 기대를 하지 않았지만 김현봉, 이중표 목사님의 저서에서 은혜를 받았다. 주석으로는 박윤선 목사님의 주석이 지금까지도 큰 도움이 되고 있다. 박 목사님은 나의 은사이신데 강의뿐 아니라 설교 시간에도 영성 있는 말씀으로 많은 은혜를 받았다. 그러나 영안이 열린 후 엄두섭 목사님의 「영성 생활의 향기」를 읽고 깊은 충격에 빠졌다. 현재 우리 기독교는 영적으로 너무 취약하고 이런 식으로 교회가 가다가는 유럽 교회가 망해가는 것처럼 한국 교회에도 미래가 없다는 내용이 주였다. 이 책을 읽으면서 우리나라에도 이처럼 기독교의 뿌리를 튼튼하게 하고 영적인 면을 추구하여 가르칠 수 있는 분이 있다는 데 감사하였다.

나는 엄두섭 목사님의 책을 더 보기로 결심하고 「영맥」을 읽어보았다. 나는 또다시 충격을 받았고 내가 지금까지 많은 회개를 했지만 얼마나 더 깊이 자신을 돌아보고 예수 그리스도 앞에 복종시켜야 하는지를 깨달았다. 우리는 이제까지 하늘을 사모하기보다는 이 땅을 사모하고 이 땅에 내 세상을 건설하고 높이 성을 쌓으려 하고 있었던 것이다.

또한 그가 쓴 「맨발의 성자」를 통하여 순결과 절제의 삶을 살다 간 이현필 선생님의 모습을 보았다. 그 후 나는 그분만 생각할 때마다 내 모습이 부끄럽고 초라하게 느껴졌다. 최소한의 식사만을 했던 그분을 생각하면서 나는 식사 때마다 적은 반찬을 요청하였고, 밥이나 반찬이 바닥에 떨어져도 주워서 먹었다. 나는 김장철이 되었을 때 센터 식구들에게 밭과 동네에 가서 배추와 무청 등을 주워오라고 시켰다. 식구들은 버려져 있는 것을 많이 가져왔다. 우리는 겨울 내내 우거지를 요리하여 먹었다.

엄두섭 목사님이 쓰신 「성 프란치스코」, 「죽음 뒤에 오는 것」, 「영풍」 등도 나의 생각을 근본적으로 바꾸어놓기에 충분했다.

나는 영성과 관계된 책을 계속해서 읽기 시작하였다. 성 안토니와 관계된 책을 읽으며 수도사들이 어떻게 살았는지를 알게 되었다. 그가 왜 성자란 말을 들었는지 이해할 수 있었다. 그가 광야로 들어가 귀신과 싸운 일, 친구들이 찾아와도 만나주지 않은 일, 그럼에도 세상은 완전히 등지지 않고 시시때때로 내려와 사람들을 가르치고 병을 치료한 일 등 성 안토니에 대한 책은 내 가슴을 뜨겁게 하였으며, 나도 그처럼 살고 싶다는 마음이 불일 듯 일어났다.

또한 성 베네딕트의 영성과 능력에 대한 것도 읽었다. 그의 수도원 규칙에 대한 책에서도 많은 유익을 얻었다. 아빌라의 테레사나 잔느 귀용의 책도 읽었는데 그들은 많은 핍박을 받았지만 영적으로 한결같이 충실했던 모습을 보고 감동을 받았다. 그 밖에 시대에 영향을 주었던 영성가들의 책을 손에 잡히는 대로 읽었다. 내 가슴은 활활 불타올랐다. 하나님께서는 교회를 사랑하시고 이 세상을 사랑하시기 때문에 시대마다 영적인 사람들을 보내주셔서 흐트러진 교회를 바로 세우시는 은혜를 주셨음을 알게 되었다.

나는 헨리 나우웬의 영성에 관심을 가지고 여러 저서를 읽었다. 그는 모든 것을 갖춘 귀한 사람이었지만 자기를 낮추고 살았던 모습을 보면서, 그것이 오늘날 하나님의 사람들이 가야 할 길이라는 깨우침을 얻었다. 토마스 머튼의 서적도 가까이 하였다.

이런 책들을 읽으면서 우리 개신교는 구교에 비해 영적인 면에 관심이 적다는 사실을 알았다. 루터의 종교개혁 이후 우리 개신교는 수도원을 버리고 나왔다. 영성 운동은 역시 수도원과 떼어놓을 수 없는데 개신교가 영적인 운동을 해나가려고 할 때 주도적인 일을 할 주체가 애매모호해진 것이다.

현실적으로 개신교의 목회자들이 설교와 심방과 교회 정치에 많은 시간을 투자할 수밖에 없는 구조이기 때문에 깊은 영성을 추구하는 것은 쉽지 않았을 것이다.

나는 영성과 관계된 책을 계속 읽어나갔다. 그동안 많이 소개되었던 E. M. 바운즈의 책과 함께 리처드 포스터의 책들을 가까이 하였다. 물론 조나단 에드워드나 존 오웬도 빼놓을 수 없다. 또한 레너드 스윗의 「의문을 벗고 신비 속으로」도 좋은 책이었다. J. C. 라일의 「거룩」은 꼭 읽어야 할 책이며, C. S. 루이스의 책은 이미 정평이 나 있다.

나는 가톨릭의 책도 읽기 시작했다. 조던 오먼이 쓴 「가톨릭 전통과 그리스도교 영성」과 「영성 신학」을 읽었는데 영적으로 상당히 깊이가 있었으며 매우 유익하였다. 또한 매튜 폭스의 「우주 그리스도의 도래」, 도날 도어의 「영성과 정의」, 요셉 봐이스마이어의 「넉넉함 가운데서의 삶-그리스도교 영성의 역사와 신학」, 십자가의 성 요한의 「가르멜의 산길」과 「어둔 밤」, 예수의 데레사의 「영혼의 성」과 「완덕의 길」, 조지 A. 말로니의 「현대인의 영성-신비가의 숨」, 오시다 시게토의 「기도하는 모습에 무의 바람이 분다」, 방효익의 「관상과 사적 계시」, 마이스터 엑카르트의 영성과 사상에 관한 책들, 루치아 수녀 회고록 「파티마」 등을 읽었다.

영성과 신비와 관계된 책들 중에서 디오니소스의 「신비신학」, 「위 디오니소스」 등은 그동안 별로 눈여겨보지 않았던 부분들을 깊이 생각하게 해주었고, 나의 영적 체험과 영성 이론을 세우는 데 큰 도움이 되었다.

나는 내친 김에 시리아 교부들의 이야기와 켈트 영성에 대해서도 관심을 가졌다. 나는 지금까지 기독교가 이렇게 깊은 영성을 추구했었는지조차 몰랐었다. 그저 성경을 읽고 연구하고 설교하고 심방하면 되는 줄 알았다. 그리고 은사만 받으면 대단한 사람이 되고, 교인들이 많이 모이면 성공하는 것으로 생각한 적이 많았다. 그러나 보다 근본적인 것은 내가 하나님과 어떤 관계에 있는가 하는 것이고, 날마다 그분과 깊은 관계를 맺으면서 살아가고 목회하느냐 하는 것이었다.

은사와 관계된 책들

영성과 은사는 의미상 차이가 있다. 영성은 하나님 앞에서 살아가는 생활이라고 정의하고 싶다. 은사는 하나님이 허락하신 능력 있는 선물이고 특별한 것이다.

은사는 일반 은사와 특별 은사가 있는데 특별 은사는 고린도전서 12장에 나오는 것이 그 뿌리가 된다. 그러나 영성과 은사는 별개의 것이 아니며 엄격하게 구분할 수 있는 것도 아니다. 영성과 은사에 대해서는 21장에서 좀 더 자세하게 이야기하겠다.

나는 치유 사역을 하면서 영적 세계에 대한 기초를 알고 싶었다. 영적 세계에 대해 안다는 것은 하나님과 천사와 사탄에 대해서 안다는 뜻이다. 나는 김호식 박사의 「천사론 하나님의 사역자」와 「악령론 타락한 천사」를 읽으면서 큰 도움을 받았다. 나는 그분이 영적 존재에 대해 체계적으로 밝혀준 것을 진심으로 감사한다.

그리고 찰스 크레프트의 「깊은 상처를 치유하시는 하나님」을 읽으면서 영적 전쟁과 치유의 관계에 대한 근본적인 것을 알게 되었다. 이 책은 나의 사역에 교과서 같은 비중 있는 지식을 가져다주었다. 그리고 「사악한 영을 대적하라」, 「영적 전투에서 승리하라」, 「신자가 소유한 놀라운 권세」를 읽으면서 영적 전쟁과 치유 사역에 대한 기본 틀을 마련할 수 있어서 너무나 감사하였다. 그 책이 없었다면 나는 영적 세계에 대해 확신을 갖는 데 더 많은 시간을 보내야 했을 것이다.

나는 그분과 가까운 피터 와그너의 책도 읽기 시작하였다. 대표적인 책은 「방패기도」이며 「기도는 전투다」, 「지역사회에서 마귀의 진을 헐라」 등을 읽으면서 악한 영에 대한 해박한 지식과 실전에 대해 많은 유익을 얻었다.

악한 영에 관심을 가지면서 닐 앤더슨의 책을 읽기 시작하였다. 그의 책은 우리나라에 여러 권 번역되어 있는데 나의 모교인 합동신학대학원대학교의 유화자 교수가 관심을 갖고 많이 번역하였다. 「이제 자유입니다」, 「이제 시작입니다」는 한국 교회에 상당한 유익을 주었다고 본다.

유화자 교수는 자신의 책 「영적 전쟁과 치유」 때문에 보수적인 교단에서 여러 의혹과 비판을 받을지도 모르지만, 그 모두를 감수한 채 영적 전쟁과 관련된 연구에 선구자가 되었다. 나는 악한 영들이 성도의 몸속에 들어가 질병을 일으키고 지적으로나 감정적으로 문제를 일으킨다는 사실을 학문적으로도 알게 됨으로써 치유 사역에 대해 확신을 가질 수 있었다.

치유 사역을 이론뿐 아니라 실제적으로 행하신 분들도 많이 있는데, 내가 치유 사역의 원리에 대해 아는 데 피터 호로빈의 「축사와 치유」는 상당한 유익을 주었다. 이 책은 치유사역자라면 이론을 세우기 위한 필독서라고 할 수 있다. 우리나라에도 이 분야에 대해 연구하신 분들이 있는데 오명근 목사가 쓴 「성령치유목회」와 한인환 목사가 쓴 「임상목회학」, 정원 목사의 「대적기도의 원리」를 통해서도 많은 도움을 받았다. 이 분들은 영적 원리와 관련된 척박한 토양에서 용기 있게 상당한 업적을 쌓은 것이다.

나는 나단 출판사에서 나온 「능력」 시리즈 10권을 모두 구입해 순식간에 다 읽었다. 이 책들은 이 시대에 교회가 어떠한 방법으로 나아가야 하는지를 가르쳐주고 있다. 가장 중요한 핵심은 한마디로 교회는 능력을 회복해야 한다는 것이었다.

사역을 하면서 집안마다 공통된 영들이 있는 것을 발견하고 나는 가계에 흐르는 영과 관계된 책들을 보기 시작하였다. 이윤호, 크레프트가 함께 지은「가계의 복과 저주전쟁에서 승리하라」, 메릴린 히키의「가계에 흐르는 저주를 축복으로 바꾸시는 하나님」, 데렉 프린스의「축복이냐 저주냐 당신이 선택하라」를 읽었다. 그 책들은 보수적인 신학 체계 안에서는 비판을 받고 있기도 하다. 나 자신도 그 내용들을 다 받아들이는 것은 아니지만 어느 정도 영적인 부분에 도움을 받은 것은 부인할 수 없다.

깊은 내면의 상처로 인해 고통받는 사람들에 대한 책으로는 크리스챤 가정사역센터에서 펴낸「내가 왜 그런지 이제야 알았습니다」를 읽었다. 두란노의 기독교 상담 시리즈 중 우울증, 자존감, 자기통제 등의 책들도 유익하다.

나는 한 걸음 더 나아가 세계적으로 악령과 싸우고 치유에 힘썼던 사람들을 알기 원했다. 수도원 운동의 창시자인 안토니와 베네딕트가 바로 그 사람들이었다. 그들은 진정한 영성가로서 영적 운동을 일으킬 만한 영안이 열리고 영적 능력이 있는 인물들이다. 나는 교회사를 다시 한 번 읽어내려가기 시작하였다. 많은 영적인 사람들이 시대마다 영성 운동을 일으키며 교회를 정화하고 성도들의 믿음을 돈독하게 하였던 것을 보았다. 그들 중에는 질병을 치유한 사람들이 많이 있었다. 지금 이 시대에는 특별히 스미스 위글스워스, 케네스 헤긴을 들 수 있다. 케네스 헤긴의「나는 환상을 믿는다」는 내가 회개할 때와 은사를 사모할 때 내 가슴을 뜨겁게 달구었다. 이 책은 나로 하여금 영적 세계에 대한 뜨거운 열정을 갖게 하였다. 나는 그 책을 100권 정도 구입하여 가까운 사람들에게 나누어주며 읽기를 권했다. 그 밖에 치유 사역의 거장들에 대해 알기 원한다면 로버츠 리아돈의「치유사역의 거장들」이 큰 도움이 될 것이다.

영적 사역에 대한 반대 의견도 우리 주변에 만만치 않지만 윌리엄 데 알테가의 「성령을 소멸하는 자들」과 은성출판사에서 나온 「마귀론 이해」를 읽어본다면 그들의 반대가 얼마나 허무맹랑한지를 알 수 있을 것이다. 나는 몇 년 전 김남수의 「하나님의 사랑과 치유사역」이란 책을 읽었는데 영적 사역의 원리와 능력 사역에 대해 많은 도움을 받았고 꼭 추천하고 싶은 책이다.

앞으로 교회는 초대교회와 같이 말씀과 치유에서 강력한 능력이 나타나야 한다는 것을 많은 독서를 통해 깨닫게 되었다. 와그너의 친구인 실보소의 「아무도 멸망치 않기를」은 내 가슴을 뜨겁게 달구어주었다.

사역에 관한 비디오테이프를 보다

나는 사역 초창기에 치유 사역의 방법을 잘 알지 못하였다. 고전적인 방법은 우리 아버지가 하시던 방법이라 잘 알고 있었고, 그동안 다른 사람들이 치유하는 현장을 가보고 치유를 받아보기도 했지만 아버지 이상으로 하는 것도 쉽게 볼 수 없었다. 나는 최상급의 수준 있는 치유 사역 혹은 영적 사역이 없을까 탐구도 하고 여기저기 알아보았다. 이왕이면 세계적으로 어떤 방법으로 어떤 사람들이 치유하고 있는지 알고 싶었다.

그러던 중 어떤 분이 내게 비디오테이프를 여러 개 가져다주셨다. 그 중 쿨만 여사의 사역 비디오가 있었다. 그 테이프를 몇 시간 동안 살펴보면서 그분의 능력과 사역의 넓이를 배울 수 있었다. 또한 베니 힌의 테이프도 여러 개 보았다.

나의 사역 방법은 그들과 많은 차이가 있었다. 그리고 그들의 사역 방법은 치유 사역의 한 파트이지 모델은 아니라는 생각이 들었다. 그 수준이 세계적인 수준이라고는 사역자 본인이 말하지 못할 것이라 생각한다. 하지만 나도 그들을 판단하거나 평가하는 것은 무리라고 생각한다.

그 외에 한국의 영성가 및 치유 사역자들도 살펴보았다. 그 중에 어떤 분은 상당한 수준의 능력 있는 사역을 하고 있었다. 나는 그분들을 만나보지는 못했지만 주님이 쓰시는 분이라는 것만은 믿을 수 있다.

영적인 음악을 가까이하다

영적 순례를 하면서 각 교회나 기도원마다 찬송가 외의 즐겨 부르는 애창곡들이 있었다. 내가 목회하는 교회에서는 그동안 찬송가 외에는 다른 복음성가는 잘 부르지 않았다. 그러므로 그러한 노래들을 따라 부르는 것이 익숙하지 않았고 부담스러웠다. 그러나 여러 번 반복하여 부르면서 내 마음이 부드러워지고 열리는 것을 느꼈다.

한두 달이 지나면서 내게 있던 편견이 점점 사라지면서 그러한 노래도 부를 수 있게 되었다. 마음이 많이 열리면서 내가 깨달은 것은 그동안 내가 얼마나 이성적인 목사였으며 감성이 약한데다 영성은 그야말로 메마른 목사였다는 것을 알게 되었다.

영안이 열린 지금은 찬송가든 복음송가이든 기독교 안에 있는 찬양이나 노래가 들려오면 내 가슴이 뜨거워지고 기쁨이 넘친다. 내가 개인적으로 수천 번 불렀던 노래가 있다. 영안이 열리기 전 그리고 영안이 열린 후에도, 또 깊은 회개를 계속 하는 중에도 눈물과 함께 부른 노래다. 그 것은 '약한 나로 강하게'라는 곡이다.

약한 나로 강하게
가난한 날 부하게
눈 먼 날 볼 수 있게
주 내게 행하셨네.

이 가사는 모든 이들에게 은혜가 되겠지만 나 자신을 너무나도 잘 묘사하는 가사라고 생각한다. 나는 약하였지만 영안이 열린 후 영적으로 강해졌다. 나는 가난했지만 영안이 열린 후 영적으로나 물질적으로 부해졌다. 나는 과거 영적인 소경이었지만 이제 영안이 열렸다. 이 모든 것은 주님께서 내게 베푸신 은혜다.

그 이후 영적으로 깊다고 생각하는 찬송가를 즐겨 불렀다. 또한 CCM이나 복음성가들 가운데 영적으로 깊은 것들을 찾아 교회 안에 늘 틀어놓고 기도하였다. 나는 특별한 경우가 아니면 외부 출입을 거의 하지 않기 때문에 음악을 듣고 기도하는 시간이 많았고, 많은 영적인 음악들을 접하게 되었다. 그 중 하나가 '다윗의 장막'이다. 그 음악적 수준은 보좌를 바라보고 또는 보좌 앞에 나아가 부르는 듯한 영적 감동을 준다고 생각한다.

21장 영성과 은사에 대하여

 앞에서 말했듯 한국 교회는 영성 부분이 비교적 약하다고 말할 수 있다. 앞에서 몇 분의 영성가들을 소개하였지만 세계적으로 볼 때나 교회사적으로 볼 때 조금 뒤처지는 느낌이 든다. 세계적으로 유력한 영성가나 예언가 혹은 치유 사역자들 가운데 특별히 내놓을 만한 한국 사람은 찾기 힘들다.
 한국이 세계에 내놓을 수 있는 부분은 교회 성장이라고 할 수 있다. 세계적으로 유명한 각 교파별 대형 교회가 한국에 있기 때문이다. 한국이 이처럼 큰 교회를 이룰 수 있었던 것은 여러 요인이 있지만 목회자의 지도력을 무시할 수 없다. 그러나 교회를 성장시켰다고 영성가가 되는 것은 아니다. 영성가나 치유 사역자는 교회 성장과는 조금 다른 부분이기 때문이다.
 우리나라에는 훌륭한 설교자나 교회를 부흥시킨 목사님들은 계시지만, 하나님과 깊은 교제를 나누는 목회자나 성도는 많지 않은 것 같다.

또한 우리나라에 치유 사역자는 많이 있지만 세계적인 수준이라고 드러낼 만한 사람도 거의 없다. 우리나라가 영성이나 치유 사역 부분이 미진한 것은 여러 이유가 있겠지만, 가장 중요한 것은 목회자와 성도들이 너무 분주하기 때문이라고 생각한다.

칼빈이 말한 것처럼 우리는 그리스도와 하나가 되어야 한다. 신랑과 신부가 신방에서 둘만의 비밀을 나누듯이 진정한 성도는 주님과 깊은 관계를 가져야 한다.

그렇게 된 이유를 찾아보면 우선 우리나라의 목회 환경은 여러 면에서 열악하다고 할 수 있다. 우선 교회가 너무 많아서 각 교회들이 경쟁적으로 성도들을 모으려고 하기 때문이다. 대부분의 교회들이 독립적으로 운영되기 때문에 경제적으로 어려움을 겪고 있고, 상당수의 목회자들이 최저 생계비에도 못 미치는 수입으로 살아가고 있는 것이 현실이다. 이런 환경 속에서 가장으로서 경제적 책임을 져야 할 목회자가 모든 것을 내려놓고 하나님만을 바라보아야 하는 영성가가 된다는 것은 거의 불가능한 일이다. 또한 성도들은 목회자가 교회 사역을 뒷전에 두고 하나님 앞에만 가 있는 것을 용납하기 어렵다.

실제로 규모가 큰 교회나 작은 교회나 다르지 않게 목회자나 성도들은 너무 분주하다. 분주함과 영성은 극과 극이다. 영성을 추구하려면 하나님과의 관계를 최우선으로 하고 다른 모든 것은 부차적이 되어야 하는데 그렇게 하기란 쉽지 않다. 세상에 분주하고 교회 일에도 분주하고도 영성가가 된다는 것은 불가능하다. 광야 속에 살던 수도자는 세상적으로 보면 게으른 자요, 아무것도 안 하는 사람이다. 그러나 그들은 영성가라고 할 수 있다.

두 번째는 회개가 부족하다. 한국 교회는 예수님을 믿으면 죄가 쉽게 사라진다는 생각들을 많이 가지고 있는 것 같다. 예수님을 믿고 한 번 회개한 것은 다시 할 필요가 없다는 무언가 분명치 않은 이론을 구원파 등에서 주장하는데 한국 교회는 알게 모르게 그러한 이론을 받아들이고 있는 것 같다.

1906년 영국의 웨일즈 부흥이나 1907년 평양 대부흥 운동이 회개로부터 시작되었다는 사실은 모르는 사람이 없다. 그런데 지금 이 시점에서 우리가 열조의 죄와 자신의 자범죄를 더 깊이 회개해야 한다고 말하면 별로 수긍하지 않는 분위기인 것이 이상하다. 많은 성령론 책들을 읽어보면 성령을 받는 길이 회개로부터 시작한다는 글이 너무나도 많은데 왜 그렇게 회개를 하자고 하면 거부 반응을 보이고 오히려 이상한 사람으로 보는지 도무지 알 수 없다. 불행하게도 지금 우리는 어쩌면 회개를 잃어버린 세대일지도 모른다.

한국은 기독교가 들어온 지 150년도 안 되는 기독교 역사가 짧은 나라다. 웬만한 가정의 경우 할아버지로부터 그 윗대들을 살펴보면 이방 신을 섬기지 않은 가정이 거의 없을 정도이다. 이방 신을 섬기므로 악한 영이 그 가정에 역사하는데 그런 상황에서 영성가가 나온다는 것은 영적으로 볼 때 쉽지 않은 일이다. 나는 한국보다 기도도 많이 하지 않는 서양의 목회자들을 눈여겨보았다. 그들은 주일을 율법적으로 철저히 지키지도 않고, 새벽 기도회도 참석하지 않으며, 신앙생활도 허술해 보였지만 그들 가운데 세계적인 영성가나 은사자들이 많이 있었다. 내가 살펴본 것을 토대로 그 이유를 말하자면 그들의 가정은 오랫동안 주님을 믿어왔기 때문에 이방 신을 섬긴 죄가 거의 없었다. 그리고 이방 신을 섬긴 죄로 인하여 하나님과 성도 사이를 가로막고 있거나 가정에 들어오는 영도 거의 없었다. 그래서 그들은 조금만 기도해도 하나님과 가까워질 수 있는 영적으로 깨끗한 상태였다.

이와 달리 한국의 목회자나 성도들은 하나님을 가까이 하고 싶어도 가문에 들어온 영과 자신 속에 들어 있는 악한 영들로 인해 하나님과의 사이가 시원스럽게 열리기가 어렵다. 그러므로 교회를 부흥시키고 설교는 멋지게 할지 몰라도 최고 수준의 영성가나 치유 사역자가 나오기는 쉽지 않은 조건이다. 이 시점에서 한국 교회도 영적인 면에서 세계 교회에 내놓을 것이 있어야 한다. 그동안 교회가 부흥한 것과 대형 교회를 이룬 것을 내놓았다고 하면, 이제는 세계적인 영성가와 치유 사역자를 배출할 때가 되었다고 생각한다. 다른 분야 못지않게 영적인 부분에서도 영적 천재가 나오기를 바란다.

은사는 영성이 약해도 나타날 수 있다

은사와 영성은 원래 하나이지만 보통 나누어서 생각한다. 영성이 하나님께 가까이 나아가는 쪽이라고 한다면, 은사는 사람을 향하여 나아가는 쪽이라고 말할 수 있다. 개신교에서는 영성이라고 말하는 분야보다는 은사라고 말하는 쪽의 역사가 많이 나타난다. 여기에는 성령의 아홉 가지 은사가 대부분 포함되어 있다. 은사를 받는 방법에서 대부분 하나님께 은사를 달라고 기도를 많이 하거나, 은사자에게 은사 접목을 받는 경우가 많이 있다. 구태여 구분을 하자면 하나님을 가까이하는 거룩함과 순결함이 약해도 은사를 달라고 기도를 많이 한다면 어느 정도까지는 은사를 받을 수 있다.

그러므로 한국 교회에 영적 사역자나 부흥사들은 은사를 얻기 위해 기도를 많이 함으로 어느 정도의 은사 혹은 능력을 받은 것이다. 영성이 약하더라도 영적 능력을 받을 수가 있다. 유명한 은사자가 윤리적, 도덕적으로 문제가 생기는 경우가 많은데 그것은 인간이기 때문이기도 하지만 영성 부분이 상대적으로 약하기 때문이라고도 할 수 있다.

깊은 영성이 있다면 강한 은사를 받을 가능성이 많다

은사를 받은 사람이 능력을 얻기 위하여 많은 노력을 한 것은 틀림이 없다. 만일 단순하게 은사를 얻기 위하여 하나님께 간구하기보다는 자기 자신을 내려놓고 깊은 회개를 하면서 자신을 정결하게 한다면 역시 큰 은사를 받을 수 있다. 단순하게 능력을 달라고 기도하는 사람이 한계에 부딪힐 수 있지만 자기 자신을 내려놓고 정결하게 하면서, 즉 깊은 영성을 소유하면서 은사를 사모한다면 더 높은 경지까지 오를 수 있다.

그러나 대부분 개신교회의 영적 사역자들은 깊은 영성을 추구하지 않기도 하며 영성과 은사는 아무래도 파트가 다르기 때문에 당장 눈에 보이는 은사 쪽을 선호하는 경향이 있다. 세계 최고 수준의 영성가 혹은 은사자가 되려면 깊은 회개를 통하여 거룩하게 되어야 하고, 악한 영이 그의 몸과 가정에 역사하지 못하게 해야 한다. 하나님을 가까이 모신다면 신랑 되시는 예수 그리스도의 크신 능력을 신부 된 성도가 소유할 수 있다. 그리고 예수님처럼 귀한 사역을 할 수 있다.

22장 | 다시 깊은 회개를 하다

영안이 열린 후 제일 불편한 것은 가느다란 세력들이 내 몸에 붙어서 간지럽히는 것이다. 특히 머리에 붙어 움직이는 것을 느끼는데 이런 현상이 일 년 365일 하루 24시간 내내 느껴지므로 보통 신경이 쓰이는 것이 아니다. 나는 그런 상태로 7년을 살고 있다.

뚫고 나가다

회개할 때 몸 안에 머물고 있던 세력이 내 몸을 뚫고 나간다. 큰 세력이 나간 후에는 실처럼 가는 것이 나가는데 그 실은 수십 미터씩 길며 잘 끊어지지 않는다. 그럼 그 실을 손으로 뽑다가 어느 때는 전봇대에 실 같은 세력을 붙여놓고 내가 몸을 돌면서 세력을 빼내기도 하고 지나가는 차에 붙여서 멀리까지 가게도 하였다. 그러나 조금 지나면 도중에 끊어지고 다시 회개하며 뽑아내야 했다. 이런 생활을 몇 년이나 하였다. 어떤 때는 교회 마당에서 손을 움직여 몸에 있는 세력을 빼내거나 붙어 있는 것을 떼어내고 있는데, 이것은 남들이 볼 때 공연히 헛손질하는 것으로 보일 것이다. 오해의 소지가 있어 절제하다가 사람들이 없을 때는 몸에서 세력을 기도하여 뽑아내었다. 어떤 때는 지나가던 사람들이 이상하게 쳐다볼 때가 한두 번이 아니었다. 7년이 지난 지금도 내 몸에서 세력을 뽑아내는 것은 변함이 없다.

간질간질하다

　세력이 몸 밖에 붙을 때 약한 것은 가만히 있지만 조금만 힘이 있어도 실 같은 세력이 움직여 간질간질하게 느껴진다. 조금 더 심하면 통증을 느낄 수 있다. 몸 안에 세력이 많은 보통사람들은 잘 느끼지 못하지만 회개가 되어 몸이 깨끗해지면 조그만 세력이라도 잘 느끼기 때문에 간질간질한 것을 민감하게 느끼므로 참을 수가 없게 된다. 자연히 손이 가게 되고 세력들 때문에 여러모로 괴롭게 된다. 세력이 들어오고 나가는 것을 잘 모르는 사람은 몸 안에 세력이 많기 때문이고, 회개가 거의 끝났는데도 느끼지 못하는 경우는 - 간혹이기는 하지만 - 영분별의 은사가 없거나 너무 약하기 때문이다.

찐득찐득하다

　여름철에는 날씨가 더워 실 같은 영이나 조금 큰 영이 머리나 몸에 붙으면 끈적거린다. 특히 머리는 민감하기 때문에 본드 녹은 것이 머리에서 흘러내리는 듯한 느낌을 받게 되어 상당히 불쾌하다. 세력을 떼어내려고 해도 녹아 끈적거리며 달라붙어 있는 상태이기 때문에 잘 떨어지지 않는다.

　또한 세력이 오래되어 몸에 축적되어 있던 것이나 회개가 잘 안 된 사람의 영은 더 끈적끈적하게 들러붙게 된다.

이렇게 나를 힘들게 하는 영들을 깊은 회개를 통해 내보내기 위해 20가지 죄를 정하고 한 달에 한 제목씩 집중 회개를 하였다. 20가지 죄의 내용을 풀어 기록한 회개문은 다음과 같다.

1. 교만

하나님, 교만은 패망의 선봉이라고 하셨는데 제가 교만했습니다. 이스라엘의 사울 왕도 훌륭한 인물이었지만 교만함으로 하나님께 버림받은 것을 알고 있으면서도 저는 교만했습니다. 더 교만한 것은 제가 교만한 것조차 몰랐다는 사실입니다.

주님 앞에 겸손히 무릎 꿇지 않고 하나님을 의지하지 않았습니다. 교만이 충천하여 하나님의 말씀을 가까이하지 않았습니다. 주님의 일을 해 놓고 하나님과 함께 영광을 받으려 하고, 하나님과 같이 높임을 받으려 하며, 하나님께서 받으실 영광을 가로채고 자신의 영광을 추구했습니다. 번번이 저의 목적을 이루기 위해 하나님을 시험하고 제 마음대로 되지 않을 때는 원망하고 비방했습니다. 죄로 인해 하나님께 징벌을 당하고도 회개하지 않은 채 저 자신을 나타내고 커지려고 징벌의 이유를 다른 사람의 탓으로 돌렸습니다. 제 힘으로 사는 줄로 착각하고 잘난 체하며 뽐내고 건방지고 오만 방자했습니다.

자만하고 자화자찬하며 저의 외모와 능력을 자랑했습니다. 눈과 콧대가 높으며 어깨에 힘을 주고 거들먹거리며 으스대기도 했습니다. 말씀을 이용하여 사욕을 채우고 사람을 무시하고 업신여기고 정죄하고 지배했습니다. 하나님과 다른 사람에게 배우기 싫어하며 훈계를 외면했습니다. 저의 고집과 아집으로 다른 사람에게 협력하지 않고 매사에 제가 해야 된다고 생각했습니다. 다른 목회자의 설교를 평가하고 다른 교회의 문제점을 지적하며 저는 문제가 없다고 생각했습니다. 이 모든 죄를 용서하여주옵소서.

　이렇게 교만에 대해 하나님께 기도하며 회개할 때 머리가 따갑고 침이 찌르는 것 같이 머리를 뚫고 나오는 통증을 느꼈다. 악한 영이 뚫고 나오기 때문이었다. 이 교만의 영은 뒷목으로 내려가 어깨까지 가느다란 줄기가 뻗어 내려 있었다. 교만한 행위를 한 번 회개하면 교만의 영들 중에서 작은 한 놈이 나왔다. 교만을 나이별로, 또 그때를 생각하며 회개할 때 한 놈씩 나왔다. 나는 수천, 수만 번 교만했기 때문에 그만큼 처절하게 회개하였다.

　2. 음란
　주님, 제가 음란하여 하나님의 영광을 가렸습니다. 세상의 더러운 교훈과 음란한 영에 매였습니다. 저도 모르게 음담패설을 즐기고 불륜 드라마를 즐겼습니다. 방송을 빙자하여 성욕을 충동질하고 남의 스캔들과 사생활에 관심이 많았습니다. 이성에 대한 호기심과 부주의로 올무에 걸렸습니다. 이성에게 잘 보이려고 아첨하는 말을 하고 외모를 꾸며서 이성을 미혹했습니다. 동성보다는 이성에게 더 친절하고 자상하게 대했으며 관심을 가졌습니다. 음행하는 자를 가까이하고 그들의 영향을 받고 음욕을 품었습니다.
　음란물을 즐겨서 음란한 글, 그림, 사진, 영화, 비디오, 인터넷 사이트를 본 적이 있습니다. 영적으로 간음해서 TV, 스포츠, 바둑, 장기, 낚시, 물질, 배우자, 연인, 자녀, 명예, 권세를 사랑하므로 각종 우상 숭배에 빠져서 살았습니다. 저는 어려서부터 음란했습니다. 저는 고멜보다 더 음란한 자입니다. 이 모든 죄를 용서하여주옵소서.

나는 이렇게 음란을 회개하였는데 음란을 회개할 때 가슴이 따가우면서 가느다란 세력이 떠나갔다. 또한 내 아랫배 쪽에서 지렁이가 꿈틀거리듯 여러 번 간지럽기도 하고 따갑기도 한 증상들이 많이 나타났다. 처음에는 몸에 이상한 반응 등이 나타나 긴장하였지만 영이 나가는 현상인 것을 곧 깨달을 수 있었다. 그리고 회개한 후에도 음란한 마음이 생길 때는 가느다란 실 같은 것이 내 아랫배 쪽으로 기어들어오는 것을 느끼고 알 수 있었다.

3. 거짓

거짓의 아비는 마귀인데 마귀의 자식처럼 거짓말과 거짓된 행동을 많이 했습니다. 겉과 속이 달라서 두 마음을 품고 말했습니다. 주여, 저는 이중인격자이고 두 얼굴을 가진 자입니다. 하나님과 성경에 대해 잘 알지 못하면서 아는 척하고 잘못 가르친 것이 많았습니다. 저는 거짓 선지자 노릇을 한 거짓말쟁이에 사기꾼입니다. 제 자신을 허상으로 치장하여 거짓 자아로 가득하게 하고 주님과 사람 앞에 거짓 맹세를 했습니다. 하나님의 말씀을 더하고 뺐으며, 거짓말과 아첨으로 입을 더럽혔습니다. 기도하는 입을 욕되게 하고 하나님의 이름을 빙자하여 거짓을 일삼았습니다. 거짓 증거로 이웃을 해하고 형제의 진실을 알아주지 않았습니다.

거짓으로 남을 모함하고 과찬하며 아는 척했고, 없는 말을 만들어 생사람을 잡은 적도 있습니다. 거짓말을 의뢰하고 거짓말에 속기도 했으며, 말을 바꾸어 올무에 걸리게 했습니다. 말을 왜곡하고 부풀리며 혼합했고, 거짓말과 속임으로 입술의 권세를 떨어뜨렸습니다. 저의 말은 소중한 것인데 천하게 되어버렸습니다. 주변 사람들에게 멋있다, 예쁘다, 곱다고 호의를 얻기 위해 입술로 거짓 칭찬했습니다. 잘못된 신학에 귀를 기울인 적도 있습니다. 하나님을 아는 지식이 부족했습니다. 이 모든 죄를 용서하여주옵소서.

  거짓을 회개할 때 잇몸에서 실 같은 세력이 빠져나가고 간질간질한 것을 느꼈다. 그리고 과거에 목이 많이 뻐근했는데 시원해지는 것을 느꼈다.

4. 우울

  주님, 제가 하나님의 종이면서도 하나님의 은혜에 감격하고 감사하며 살지 못하고 때때로 우울하여 기쁘게 살지 못하고 힘이 빠진 적이 많았습니다. 매사에 흥미가 없었고 마지못해 일하고, 어느 때는 나 같은 것이 무슨 하나님의 종이냐 하면서 죄책감과 무기력증에 빠지기도 했습니다. 불안하고 초조해했으며 세상살이가 다 귀찮아지고 허무주의에 빠진 적도 있습니다. 어느 때는 세상을 두려워하고 적응하지 못하는 저를 비관하며 공허감과 절망감에 슬퍼하고 저 자신을 비하했습니다. 가끔씩 자살에 대한 충동을 느낄 때도 있었고 피로감이 몰려오기도 하며 과도하게 잠을 자기도 했습니다. 쓸데없이 생각을 많이 하다가 두통과 소화 불량에 시달리기도 했습니다.

  주님, 제가 쉽게 짜증내고 만사가 귀찮아서 사고와 행동이 느리며 집중력, 기억력, 식욕이 저하되었습니다. 열정과 활력이 감소되고 업무 능률이 저하되며 제가 해야 할 일들을 소홀히 했습니다. 여러 변화하는 환경에 민첩하게 대처하지 못했습니다. 이는 하나님을 온전히 믿지 않고 의지하지 않았기 때문입니다. 정신적인 충격과 각종 스트레스를 하나님께 맡기지 않고 제가 해결하려고 하다가 힘이 빠졌기 때문입니다. 이제 주님만이 저의 해결자 되심을 믿습니다. 이 모든 죄를 용서하여주옵소서.

나는 우울한 부분에 대해 회개를 할 때 가슴에 통증을 느꼈다. 그래서 가슴을 두드리기도 하고 손으로 누르기도 하였다. 이것은 가슴, 특히 폐 속에 있던 영들이 밖으로 나오면서 나타나는 현상이었다. 하나님의 사람은 결코 우울할 수가 없다.

5. 시기, 질투

하나님, 시기 질투는 사람의 몸을 상하게 하는 악한 일인데 하나님의 영광을 가리는 시기와 질투를 했습니다. 남이 잘되는 것이 못마땅할 때가 있었습니다. 다른 사람이 열심히 헌금하고 봉사하고 인정받는 모습을 보고 시기 질투를 했습니다. 하나님이 저를 다 보고 계시는데 하나님을 잊어버리고 사람을 의식했습니다. 어떤 때는 저도 모르게 열등감에 사로잡혀 시기 질투하고, 하나님의 나라를 위해 함께 일하는 동역자를 경쟁자로 여겼습니다.

탐심과 교만과 자기 사랑이 가득하여 제 분수를 넘어 경쟁자를 험담하며, 일이 잘되지 않거나 망했을 때에는 은근히 속으로 웃었습니다. 하나님의 일을 정욕으로 하며 높임받기를 좋아하여 칭찬을 들으면 안심이 되었습니다. 영광을 받을 만한 일은 다른 사람과 협력하지 않고 혼자 하였고, 다른 사람이 영광스러운 일을 하면 훼방하고 싶은 충동이 일어났습니다.

시기와 질투가 일어나는 것은 저 자신을 학대하는 것인데 절제가 되지 않았습니다. 시기, 질투로 마음이 좁으며 옹졸하여 남의 행동을 쉽게 용납하지 못했습니다. 사울은 다윗을 시기하다 망했는데 제가 이렇게 시기 질투를 했습니다. 하나님의 사람은 주의 나라가 잘되고 주의 동역자들이 선한 열매를 맺는다면 축하하고 기뻐해야 하는데 내심 그렇지 못했습니다. 이 모든 죄를 용서하여주옵소서.

시기 질투를 회개할 때에는 아랫배에서 세력이 움직여서 배가 많이 아픈 것을 느꼈다. 사촌이 밭을 사면 배가 아픈 법이다.

6. 혈기, 분노

하나님의 종인 제가 혈기 충만하여 하나님의 영광을 가렸습니다. 주님, 제가 정한 기준에 맞지 않으면 아무 때나 혈기를 부렸습니다. 하나님을 원망하고 불평하며 거역하고 대적했습니다. 혈기를 부리면 은혜가 손상되는데 저는 혈기를 부리므로 하나님의 의를 이루는 데 방해꾼이 되었습니다. 어떤 때는 피가 솟구치고 독기가 충만하며 신경질적이고 격동이 몰아쳤습니다. 성을 내고 한편으로는 제가 참는다고 하면서 참았습니다. 그러나 아무리 참아도 혈기가 없어지는 것이 아니라 속에서 잠시 동안만 숨어 있는 것이었습니다. 하나님과 사람 앞에 죽어지지 못하고 저 자신을 내려놓지 못하며 말씀으로 다듬어지지 못했고, 원수라고 생각한 사람에 대해 증오와 원한을 풀지 않았습니다. 분해하고 억울해하며 서운해 하였습니다. 제 생각과 다르면 캐고 따지며 물고 늘어졌고, 은근히 시비를 걸며 괴롭혔습니다.

겉으로는 웃었지만 속으로는 칼을 품었습니다. 별 것 아닌 일에 인상쓰고 짜증내며 소리쳤고, 사납고 잔인하여 상대방에게 두려움을 주었습니다. 부수고 던지며 때린 적도 있었습니다. 쉽게 흥분하고 먼저 공격했고, 혈기 분노로 가족과 주변 사람들에게 상처를 입혔습니다. 어떤 때는 저 자신에게까지도 혈기를 부리고 멸시하고 학대했습니다. 이 모든 죄를 용서하여주옵소서.

혈기를 회개하는데 내 배에서 주먹만 한 것이 올라오는 것이었다. 혈기의 영이 목으로 나오면서 내 위 근처에서부터 올라왔기 때문이다. 또한 뒷목이 많이 아팠다. 그리고 어깨가 당기는 느낌을 수도 없이 받았다. 영들이 나갈 때 느끼는 현상이다.

과거에 나는 뒷목이 많이 아팠었는데 그 이유가 혈기를 많이 부렸기 때문에 영들이 있었던 것이다. 한번 혈기를 부릴 때마다 영이 들어오므로 자주 혹은 몇 번이라도 혈기를 부린다면 오랫동안 회개해야만 영이 떠난다는 것을 알았다. 천 번 혈기를 부린 사람은 진심을 다해 천 번을 회개해야 한다.

7. 근심. 걱정

하나님, 제가 하나님의 택한 종이요, 하나님의 사람이라고 하면서도 하나님의 도우심과 능력을 의심하고 믿지 못하여 환경을 바라보고 근심 걱정했습니다. 많은 무거운 짐을 주님께 내려놓지 못하고 제가 지고 가려고 했습니다. 우리 짐을 대신 지시겠다는 하나님의 사랑과 약속이 제 마음에 와 닿지 않고 확신을 갖지 못하여 믿지 못했습니다. 저는 능력도 없으면서 제 힘과 지혜로 사는 미련한 자입니다.

사람을 의지했고 먹을 것과 입을 것을 염려하여 구했습니다. 어느 때는 미리 걱정하여 사서 고생하고 지나치게 걱정하여 불안을 불러왔습니다.

게으르고 나태하여 공연히 근심에 빠졌고, 무엇인가 해야겠다고 생각하여 항상 분주하고 피곤하며 쉼이 없었습니다. 생활을 해나가는 데 염려로 마음이 둔하여지고 근심과 두려움, 걱정으로 하나님의 말씀을 빼앗겼습니다. 기쁨으로 사명감을 가지고 해야 할 하나님의 일이 짐이 되었습니다. 저의 모든 염려를 주께 맡기라고 하셨는데 맡기지 못하고 제가 다 하려고 했습니다. 제가 염려하므로 아무것도 얻지 못하는데도 이것을 뻔히 알면서도 염려했습니다. 이 모든 죄를 용서하여주옵소서.

근심 걱정을 회개할 때 심장이 시원해짐을 느꼈다. 어느 때는 심장이 부풀어 오르는 듯한 느낌이 들어 불안해서 가슴을 누르고 두드린 적도 있었다. 나중에 알고보니 영들이 내 가슴에서 나올 때 나타났던 현상이었다.

8. 불평. 불만

하나님, 제가 목사이면서 언어 생활에 경건하지 못하고 불평을 많이 했습니다. 하나님의 절대 주권을 인정하지 못하고 제 뜻과 다르거나 하기 싫은 일이 있을 때는 핑계를 대며 불평 불만을 했습니다. 하나님의 말씀을 오해하여 제 뜻과 다르다고 받아들이지 못하고, 스스로 넘어지면서 하나님을 원망하고 불평하고 대드는 말까지 한 적이 있습니다. 자신의 처지를 만족하지 못하여 원망하며 이런 세상을 비관했습니다.

원하는 대로 일이 풀리면 괜찮고 안 되면 탄식했습니다. 잘되면 감사하고 안 되면 불평했습니다. 참고 기다리지 못하여 조급해하였고 원망과 불평이 아예 습관이 되었습니다. 사람들과의 관계에서도 섭섭함과 서운함이 있으면 늘 불평했습니다. 일을 하면서도 불평하고 불만을 가졌습니다. 불평과 원망으로 형제를 괴롭게 하고 돈과 능력이 없는 부모를 만난 것을 원망했습니다. 성도들에게 실망하고 불평했습니다. 주신 것이 너무나 많은데 받은 것에 감사하지 못하고 없는 것을 불평했습니다. 입술을 열 때마다 불평 불만만 했습니다. 이 모든 죄를 용서하여주옵소서.

불평 불만의 영은 목과 입에 많이 있었으며 영들이 나가자 목이 시원해졌다.

9. 쾌락

주님, 저의 목표는 이 세상에 살지만 하나님의 나라를 위해 일하는 것인데 저도 모르는 사이에 이 세상에서의 쾌락을 좋아했습니다. 맛있는 음식을 먹기 위해 시간과 장소를 불문하여 찾아 즐겼습니다. 그 일이 그렇게 재미있었습니다. 취미 활동을 하나님보다 더 사랑해서 스포츠를 하거나 스포츠 중계를 많이 보았습니다. 바둑도 두고, 음악도 사랑하고, TV 시청도 많이 했습니다. 정신적으로도 하나님이 아닌 세상 지식을 많이 아는 것을 더 즐겼습니다. 행복은 육적 쾌락이 아닌 하나님과의 관계 회복에 있음을 알지 못했습니다. 하나님이 제 기쁨의 전부이심을 고백합니다. 이 모든 죄를 용서하여주옵소서.

나는 정말 하나님 앞에 바로 살려고 애썼지만 아직도 세상을 완전히 놓지 못했던 것을 깨달았다.

10. 알코올

주님, 저는 술을 거의 마시지 않았지만 제 속에는 조상들이 허랑방탕하면서 마신 술과 관계된 요소들이 많이 들어와 있습니다. 술과 관계된 어떤 것도 주님, 제 속에서 제하여 주옵소서.

나는 술을 마신 적이 없지만 외할아버지가 술을 좋아하셨다는 말을 들었다. 나에게 그 피가 흐르고 있는 것은 피할 수 없다. 그러므로 나는 회개한다.

11. 유흥

주님, 저는 하나님의 일을 착실하게 하기보다는 기회만 되면 사람들이 식사 대접을 한다고 하면 사양하지 않고 따라갔습니다. 바람을 쐬러 가자고 하거나 여행을 할 일이 있으면 기뻐했습니다. 외국에 나가는 사람을 보면 부러워했고 무슨 일이든 외국에 나갈 일이 생기면 마음이 들떴습니다. 하나님의 일을 위해 가면서도 마음 한 구석에는 유흥적 요소가 있었습니다. 용서하여주옵소서.

세상 사람들이 유흥에 빠져 사는 것을 보고 책망하며 그래서는 안 된다고 가르치면서도 마음 한 구석에서는 그들의 자유분방한 것이 좋게 보일 때도 있었습니다. 저도 먹고 노는 것을 좋아했습니다. 이스라엘의 멸망과 로마의 멸망 원인이 쾌락, 유흥, 음란 때문이었는데 제가 이렇게 쾌락과 유흥과 음란에서 완전히 벗어나지 못했습니다. 하나님 앞에서 거룩하고 모범적으로 살기 원했지만 저는 형편없는 존재입니다. 이 모든 죄를 용서하여주옵소서.

12. 게으름

주님, 하나님의 사람은 열심을 품고 주를 섬겨야 하는데 게을러서 하나님께 충성하지 못했습니다. 게을러서 하나님의 영광을 가리고, 하나님께서는 저를 통하여 일하시기를 원하시는데 게으름으로 하나님의 일을 지연시키고 망친 적도 있습니다. 설교 준비와 기도, 성도들을 돌보고 영적으로 성장하는 것과 하나님께 나아가는 데 너무나 게을렀습니다. 게을러서 부모님 일도 도와드리지 못했고, 모든 일에 노력하거나 심지도 않은 채 잘되고 싶은 마음으로 요행만 바랐습니다.

아까운 시간만 허비하고 현실에 안주하며 먹고, 놀고, 늦잠 자는 것을 좋아했습니다. 할 일이 많은데도 뒤로 미루고 지체하면서 요령만 피웠습니다. 하기 싫은 일은 대충대충 또는 억지로 하면서 불평 불만만 했습니다. 하나님과 사람과의 약속 시간을 철저하게 지키지 않았습니다. 하나님께 기도할 일이 많음에도 게을러서 구하고 찾고 두드리지 못했습니다. 이 모든 죄를 용서하여주옵소서.

13. 의심

주님, 의심과 불신으로 하나님의 영광을 가렸습니다. 창조의 하나님은 믿으면서 다스리시는 하나님은 잘 믿지 못했습니다. 사랑의 하나님도 잘 믿지 못하고 심판의 하나님도 잘 믿어지지 않았습니다. 하나님의 자녀임은 믿으면서 제게 자녀의 권세가 있다는 것이 잘 믿어지지 않았습니다. 복 주시는 하나님도 잘 믿지 못하고, 말씀대로 살면 큰 은혜가 임하는데도 말씀대로 살지 못했습니다. 편할 때는 하나님을 찾았지만 급할 때는 사람, 의사, 돈을 찾았습니다.

하나님을 믿으면서도 염려하는 거짓 믿음을 소유했고, 제가 믿는 하나님을 강하게 증거하지 못하는 약한 믿음을 가졌습니다. 믿으면서도 행하지 않는 죽은 믿음을 가졌고, 하나님의 사랑과 약속을 희미하게 믿었습니다. 하나님의 사역자들의 말씀과 지도도 잘 믿지 못하여 따르지 않았습니다. 하나님의 능력과 권세가 지금도 나타나고 하나님의 살아계심을 많은 사람들이 말하고 표적이 나타나는데도 잘 믿지 못했습니다.

주님 앞에 충성할 때 하늘에서와 이 땅에서 여러 배로 갚아주신다는 것이 실감이 나지 않았습니다. 그래서 충성하지 못했습니다. 이 모든 죄를 용서하여주옵소서.

14. 인색

주여, 저는 인색함으로 하나님의 영광을 가렸습니다. 용서해주옵소서. 저 자신에게는 부요하게 하였고 하나님께는 인색하며 남에게도 인색했습니다. 약한 자를 외면하고 못 본 체하며 아까운 마음으로 주고, 아끼면서 주었습니다. 주면서 생색을 낼 때가 많았습니다. 주기는 아까워하면서 받기는 좋아했습니다. 선물을 받을 때는 마음이 기뻤습니다. 인색했기 때문에 하나님께 드린 것이 없고, 이웃을 위해 뿌린 것이 없기 때문에 하나님의 물질 축복을 받지 못하여 가난하게 살았습니다.

   세상 모든 것이 하나님의 것인데 제가 가지고 있는 물질을 제 것으로 생각했습니다. 물질적인 문제뿐 아니라 칭찬하는 데, 감사하는 데, 구제하는 데에도 인색하였습니다. 저는 짠돌이에 구두쇠입니다. 판단하고 정죄하는 데에만 익숙하고 풍성했습니다. 이제 하나님께 풍성하게 바치며 이웃에게도 베풀면서 살겠습니다. 또 그렇게 할 수 있도록 은혜를 주옵소서. 주여, 이 모든 죄를 용서하여주옵소서.

15. 두려움

   주님은 저를 사랑하시고 보호해주시는데 주님으로부터 오는 평안과 진정한 자유를 많이 누리지 못했습니다. 제 생명과 소유를 주님께 철저히 맡기지 못하고 세상과 사람을 두려워하는 것 때문에 하나님의 영광을 가렸습니다. 사람이 두려워 하나님을 잊었고, 환경을 두려워하고 사명을 감당하는 것을 두려워하여 전진하지 못했습니다. 설교를 할 때에도 담대하게 주의 뜻을 전해야 하는데 청중들이 두려워 강하고 담대하게 설교하지 못했습니다. 주님은 강하고 담대하라고 하셨는데 소극적이고 옹졸했습니다.

   죽음이 두려워 예수님을 철저히 따르지 못했고, 사람들의 평판이 두려워 제가 믿는 신앙을 철저히 펼쳐나가지 못했습니다. 누가 저를 비평할까봐 눈치를 보았습니다. 또한 실패가 두려워 사명을 적극적으로 감당하지 못했습니다. 저보다 더 강하거나 학식이 많거나 부유한 사람을 만나면 외형에 기죽어하고 숫자에 겁먹었습니다.

하나님의 말씀을 지키면 사랑해주시는데 막연히 하나님을 두려운 하나님으로 여겨 하나님께 나아가는 것조차 두려워하였습니다. 이스라엘의 적은 가나안 사람뿐이 아니라 전쟁을 두려워하는 내부의 사람들이었는데 제가 이렇게 두려워했습니다. 이 모든 죄를 용서하여주옵소서.

두려움의 잘못을 회개할 때 등골이 오싹해지며 등에서 영들이 나갔다. 그리고 가슴이 뻥 뚫리듯 시원함이 느껴지면서 점차 담대해졌다. 두려워할 대상은 오직 하나님밖에 없음이 분명하다.

16. 욕심

주님, 저는 하나님의 영광을 가리는 욕망의 옛 사람입니다. 탐심과 허영과 정욕을 아직도 해결하지 못했습니다. 하나님의 일을 하였지만 자세히 생각해보면 저의 이익을 생각하는 정욕으로 하였고, 하나님을 이용해 사욕을 채우기도 하였습니다. 가진 자를 지나치게 부러워하고 사람의 칭찬과 영광을 좋아했습니다. 더 크고 더 많은 것만 추구했으며, 분수에 지나쳐 일을 하다가 화를 자초했습니다. 그래서 영적으로나 물질적으로 큰 손해를 보기도 했습니다.

지나친 경쟁으로 그리스도 안에서 사랑해야 할 형제를 해하고 관계가 나빠졌습니다. 또한 지나치게 소유하고 무리하게 물질을 사용했습니다. 크게 많이 하고 싶은 욕심으로 일을 하다보면 지치고 피곤하며 쉼이 없었습니다.

항상 무엇인가 부족함을 느껴 만족함이 없었으며, 다른 사람에게 잘 주지는 못하고 도리어 빼앗았습니다. 남의 것이 더 크고 좋게 보였고, 다른 사람을 배려하지 못하고 제 욕심만 챙기는 데 신경을 썼습니다. 마음에 드는 것은 저의 것으로 만들어야 직성이 풀렸습니다. 꼭 필요하지도 않은 것들이 집 안에 있으며 필요 이상으로 많이 소유했습니다. 이 모든 죄를 용서하여주옵소서.

17. 조급

주님, 제가 모든 일에 인내하지 못하고 조급하여 하나님의 영광을 가렸습니다. 하나님의 뜻보다 제가 먼저 앞서가고 하나님의 약속과 그 성취를 위해 일하심을 차분하게 기다리지 못했습니다. 제 계획이 뜻대로 이루어지지 않거나 지연될 때 하나님을 오해하여 원망하고 불평했습니다. 하나님의 축복과 상관없이 제 욕심과 정욕을 절제하지 못하여 저의 계획을 세워놓고 행했고, 속히 되지 않는 것을 보며 불안하고 초조해했습니다. 분수에 지나쳐 절제하지 못하고 덤벙대며 내려놓지 못했습니다.

하나님이 모든 일을 결정하시고 때에 따라 은혜를 베푸시는데 하나님을 불신하며 제가 먼저 판단하고 제가 하나님의 자리에 앉아 심판했습니다. 형식적으로 기도하고 빨리 응답받기만을 바랐습니다.

여러 사람들의 여론에 흔들려 온전하신 뜻을 분별하지 못하고 함정에 빠지며, 허탄한 맹세와 호언장담으로 스스로 올무에 매였습니다. 조급하게 행하여 많은 일을 그르쳤습니다. 알지도 못하면서 다른 사람이 말하기 전에 먼저 말을 하여 문제가 생겼습니다. 하나님께 맡기지 못하고 제가 뿌리고 제가 거두려고 했습니다.

기다리기 싫어서 심지 않고, 기다리지 못하여 심은 것을 열매 맺기 전 너무 일찍 제 손으로 뽑았습니다. 사람의 방법으로 속히 이루려 하고 하나님의 때까지 인내하지 못하여 복을 받지 못했습니다. 성도들이 죄를 회개하지 않을 때 기다려주지 못하였고, 제게 손해를 끼친 사람이 잘못했다고 용서를 구하기 전에 분노하고 비평했습니다. 다른 사람의 문제를 확실히 알아보지도 않은 채 성급히 비난하고 벌을 주었습니다. 이 모든 죄를 용서하여주옵소서.

18. 누설

하나님의 사람은 자격을 갖추어야 하는데 상담자로서 내담자의 비밀을 제대로 지켜주지 못하고 오히려 비밀을 누설하기도 했습니다. 그러면 안 되는 줄 알면서도 저와 사이가 나빠지면 그 사람의 죄와 허물을 은근히 누설했습니다. 상대의 약점을 들추어내고 쾌감을 느낀 적도 있었습니다. 남의 비밀이나 교회의 여러 사건들을 안 것을 자랑으로 여기며 친구에게 나만 아는 비밀이라 말하면서 누설한 적도 있었습니다. 마음이 신실하지 못했습니다. 자신의 약점을 숨기기 위해 상대방의 약점을 말하여 저를 정당화시켰습니다.

남이 알지 못하는 비밀을 말하고 싶어서 참지 못하고 말하므로 여러 문제들이 일어났고, 그것이 눈덩이처럼 부메랑으로 돌아와 낭패를 당하기도 했습니다. 은근히 자신의 것을 자랑하려고 비밀인 양 의도적으로 누설했습니다. 또한 누설한 것을 수습하지 못하여 후회하고 쩔쩔매기도 했습니다. 사람들의 죄와 허물은 덮어주는 것이 사역자와 성도의 도리인데 오히려 소문을 내고 퍼뜨려 공동체에 해를 입혔습니다. 그러고는 진리를 드러내는 정당한 행위라고 우겼습니다.

주님, 이제 누설하지 않겠습니다. 남의 말을 할 때는 칭찬만 하겠습니다. 복음만 전하고 자랑하는 자가 되겠습니다. 이 모든 죄를 용서하여주옵소서.

19. 수다

주님, 입으로 지은 죄가 너무나 많이 있습니다. 악담도 하고 욕도 하고 큰소리도 치고 누설도 하고 수다도 떨었습니다. 쓸데없이 수다를 떠느라 시간만 허비했습니다. 시간만 있으면 사람들과 모여 수군수군하고 잡담했습니다. 잔소리꾼에다 중상모략, 고자질, 이간질을 했습니다. 헐뜯고 비방했으며, 불필요한 정보의 제공자에다 간신배입니다. 남을 유혹하고 미혹했고 나쁜 일을 하도록 설득했습니다. 아첨하고 꾀어내며 위장하고 과대 포장을 했습니다. 입술이 정결하지 못하고 더러우며 입에서 쓴물과 단물이 함께 나왔습니다. 비판, 판단, 정죄, 험담하며, 남의 흉을 보았습니다. 농담으로 가시 있는 말을 했습니다.

상대방의 대화나 일 등을 가로채며 중간에 끼어들기를 좋아했습니다. 질문이 채 끝나기도 전에 성급하게 대답했습니다. 인정받기 위해 제 자랑만 늘어놓았습니다.

어떤 때는 욕으로 시작해서 욕으로 끝났습니다. 입술을 벌리는 자와는 사귀지 말라고 하셨는데 제가 수다쟁이입니다. 말쟁이가 없어지면 다툼이 쉰다고 했는데 제가 말쟁이라 제 주변에 다툼을 일으켰습니다. 수많은 말을 제 입으로 쏟아냈지만 열매가 되는 말은 얼마나 되는지 부끄럽기만 합니다. 이 모든 죄를 용서하여주옵소서.

20. 니코틴

주님, 저는 담배를 거의 피워보지는 않았지만 담배 피우는 것이 멋있게 보일 때도 있었습니다. 담배 연기를 맡을 때 쾌쾌한 냄새가 나지만 어느 날은 괜찮게 느껴진 날도 있었습니다. 담배 피는 자와 어울려 지냈습니다. 우리 조상들이 아마 담배를 피웠고 그 니코틴의 요소가 제 몸 안에 조금이라도 있을 수 있습니다. 주여, 깨끗하게 하여주시고 용서하여주옵소서.

나는 이렇게 20가지 회개의 제목을 놓고 죄를 회개하면서 몸에 몇 퍼센트의 세력이 남았는지를 알게 되었다. 악한 영은 통째로 한 놈만 있는 것이 아니라 크고 작은 것들이 수천, 수만 마리가 있으며 얼마나 남았는지를 퍼센트로 알 수가 있었다.

회개가 전혀 되지 않은 사람의 몸에 있는 세력을 나는 임의대로 100퍼센트로 정하였다. 특별히 큰 세력이 있는 사람을 제외하고는 많은 차이가 나지 않는다.

한 달 동안 열심히 회개하고 능력자에게 사역을 받으면 보통 50퍼센트 정도가 몸에서 나갔다. 그리고 몇 주간 더 깊은 회개를 시키고나면 35~40퍼센트 정도의 세력이 몸에 남는다. 이 정도로 수치가 떨어지면 2~3급 이상 되는 큰 세력은 거의 없고, 1급이나 2급 이하의 세력들이 주류를 이루게 된다.

여기에서 또 6개월 정도 회개하면 20~30퍼센트 정도의 세력이 남고 또 6개월 정도 회개에 힘쓰면 10~20퍼센트 정도의 세력이 남는다. 경험적으로 볼 때 20퍼센트 정도의 세력이 남아 있는 경우는 성도라고 말할 수 있었다. 그리고 또 6개월이나 1년 정도 기도하면 10퍼센트 정도 세력이 남게 되는데 이 정도만 되어도 영적 사역자로 인정할 수 있다. 그리고 5퍼센트 정도까지 세력을 내보내서 몸이 깨끗해진다면 그때는 영성가라고 불러도 손색이 없을 것이다.

5퍼센트 정도 될 때까지 세력을 내보내려면 약 2년 정도는 그야말로 다른 모든 것은 제쳐놓고 회개에만 전념해야 한다. 그러나 중요한 것은 다른 죄는 회개하면 0퍼센트까지 되기도 한다. 하지만 교만과 음란은 1~2퍼센트에서 더 떨어지지 않았다.

그 이유를 주님께 물으니 인간은 타락하였기 때문에 아무리 영성가요 철저히 회개만 하고 산다고 해도 모든 것이 0퍼센트가 될 수 없다고 하셨다. 나는 깊이 회개하면서 많은 죄를 씻어냈지만 우리 인간은 어쩔 수 없는 '죄인'인 것을 다시 한 번 실감하였다.

그러므로 어느 누가 무슨 죄를 지었다고 해도 그 사람을 비평할 마음이 없다. 오히려 내가 더 나쁜 놈이라는 생각이 들뿐이다. 주변 사람들이 누가 무슨 죄를 지었다고 나에게 와서 말을 전해도 나는 그 말에 관심이 없고 맞장구도 치지 않는다. 어찌 보면 꼭 내 욕을 하러 오는 것 같았다. 오히려 나는 "주여, 죄인이 여기 있습니다" 하며 거의 5년간 매일 저녁마다 울었다. 기도하면서 울고, 회개하면서 울고, 장차 하늘에 가서 주님 앞에 설 것을 생각하며 울고 또 울었다.

나는 5~6년 동안 퇴근 시간이 평균 밤 11시였으며, 매일같이 늦도록 교회에 있었기 때문에 계절이 어떻게 바뀌는지 실감하지 못하는 때가 많았다. 도시 속에서 살고 있었지만 실상 사막 속에서 살아가는 수도사의 모습이었다.

그렇게 시간을 보냈지만 나는 결코 시간이 아깝거나 세월 가는 것이 서운하지 않았다. 오히려 한두 달 더 살면서 회개할 수 있고, 다른 목회자들과 성도들에게 영적으로 도움을 줄 수 있는 것이 기뻤다. 죄인인 내가 이렇게 은혜를 받았으니 지금 당장 세상을 떠나 산속에 들어가서 평생을 살라고 해도 순종할 수 있을 것 같았고, 그것은 지금도 마찬가지다.

5부
사역이 확장되다

23장 영적 답사를 시작하다

　나는 사람 몸속에 있는 악한 영을 보았고, 한 걸음 더 나아가 가정과 교회와 여러 공공시설에 있는 악한 영들을 보았다. 그러나 그 정도 안 것으로는 만족할 수 없었다. 앞에서 말한 대로 과거에 황루시가 쓴 「한국인의 굿과 무당」이라는 책에 여러 성황당에 대한 내용이 들어 있었다. 서울에는 세 군데의 유명한 성황당이 있다고 하였다. 나는 그 성황당에는 얼마나 악한 영들이 많이 있을지 궁금하여 견딜 수 없었다. 그러므로 바쁜 사역이었지만 영안이 잘 열린 몇 명의 제자들과 함께 그 성황당을 가보기로 하고 여러 차례 답사를 하였다.

　먼저 낙산의 성황당을 가보았다. 그곳은 공원으로 정리가 되어 있었기 때문에 성황당의 자취는 눈에 뜨이지 않았다. 그러나 큰 나무가 있었고 또 성황당이 있었다고 생각되는 자리에서 영을 분별해보았는데 큰 영들이 있는 것을 볼 수 있었다. 우리는 영의 모습을 그림으로 그렸다. 이것은 지역에 있는 영을 그리는 영적 도해의 첫발걸음이 되었다.

영적 도해를 그린다고 하면 보통 사람들은 교회의 위치나 무당의 집, 술집 등을 그리는 것으로 생각할 수 있다. 즉, 영적인 장소의 배치도를 그리는 것쯤으로 생각할 수 있다. 하지만 우리는 그런 외형적인 도해를 그리는 것이 아니라 보통 사람의 눈에는 보이지 않지만 영안이 열려서 볼 수 있는 영들을 보고 그 지역의 영적 도해를 그렸다.

우리는 장소를 옮겨 답십리의 쌈지공원에 있는 성황당을 찾아갔다. 우리 일행 가운데 나이가 어린 학생들은 큰 영에게 눌려서 들어가자마자 머리가 아프고 약간 몸이 흔들리는 느낌을 받고는 두려워하였다. 아닌 게 아니라 그곳에는 큰 영들이 많이 있었고, 낙산과는 비교할 수 없을 만큼 강하였다. 이곳은 매해 대동제를 지냈던 곳이다. 이 성황당이 나와 관계가 많다는 것을 앞에서 이야기하였다. 성황당 옆집에 살 때 초등학교에 입학했고, 100미터쯤 떨어진 곳으로 이사한 후에도 시시때때로 여기에서 나무를 타고 놀았다. 어느 때는 나뭇가지를 부러뜨리고 도망을 가기도 했다. 그런 이곳이 서울 근교의 삼대 성황당이고 이렇게 세력이 많을 줄은 꿈에도 몰랐다. 나는 어린 시절 세력 속에서 세력과 어울려 논 것이었다.

우리는 또다시 상봉동에 있는 성황당으로 갔다. 태능과 가까운 이곳은 옛날부터 무당들이 신을 받는 곳이었다. 역시 이곳에도 많은 영들이 있었는데, 특이한 것은 영들이 하늘 끝까지 올라가 있었다. 그리고 그 끝에는 또 다른 큰 영들이 자리를 잡고 있었다. 이런 현상을 영안으로 본다면 긴장하지 않을 수 없고, 영적 전투가 만만하지 않으리라는 사실을 알게 될 것이다.

우리는 한 걸음 더 나아가 유명한 굿당을 답사했다. 전문적으로 굿을 하는 무당은 실력이 대단할 것이고, 그 위치에도 역시 세력들이 강하게 역사할 것으로 생각했다. 우리는 그렇게 많은 영적 정보를 얻었다.

나는 이제 한국 교회도 영적으로 진단하고 싶었다. 주님께서 아시아의 일곱 교회를 심방하시고 각 교회마다 진단을 하셨다. 칭찬을 받은 교회, 책망을 받은 교회 그리고 칭찬과 책망을 다 받은 교회가 있었다.

나와 우리 제자들은 한 교회를 놓고 수십 가지 방법으로 열심히 진단하였다. 기대만큼 훌륭한 교회도 있었고 기대에 못 미치는 교회도 있었다. 솔직히 나의 제자들은 한국의 유력한 교회들을 진단하면서 실망하기도 하였다. 우리의 진단은 서로 거의 일치했기에 우리 내부에서는 확신을 갖고 있다.

한국 교회를 진단하면서 주님도 이렇게 지금의 한국 교회를 진단하고 계실 것이라 생각한다. 지금은 마지막 시대이며 사탄이 강하게 역사하는 시대이기 때문에 교회들이 친목회나 야유회 모임 같은 분위기에서 사탄과 영적 전투를 벌이는 전투 대형으로 바뀌어지기를 소원한다.

성황당, 굿당 그리고 교회들을 진단하면서 나는 마음이 뜨거워졌다. 악한 영들의 분포를 연구하는 영적 도해는 꼭 필요하고, 특히 한국의 영적 상황을 알고 싶었다. 악한 영이 있을 만한 곳을 찾아다녀 그 정체를 파악하고 영적 사역자나 관심 있는 사람들에게 알려서 영적 전투를 위해 함께 기도하고 싶었다. 나는 일 년에 3~4번 정도 제자들과 함께 영적 답사를 다녔는데 비용이 꽤 많이 들었다. 모든 비용을 전적으로 내가 부담하였기 때문이다. 그러나 비용을 상관하지 않고 물질을 투자하였다.

나는 그동안 어린 제자들과 여러 곳을 다니며 영적 답사를 했고, 이제는 그다음 단계로 능력 있는 목회자와 영적 답사를 다니고 있다. 우리는 먼저 한국의 유명한 산을 다니기로 했다. 특히 고대로부터 영산이라는 말을 듣는 영적인 것과 관계가 깊은 산을 답사하였다. 태백산, 마니산, 지리산, 계룡산 등에 다녀왔고, 그동안 국내외 수천 년 된 사찰 등을 다니며 우리나라의 전반적인 영적 상태를 진단하였다. 자세한 내용은 후에 설명할 기회가 있을 것으로 생각된다.

24장 | 라이브 성경 연구를 시작하다

　영안이 열린 후 내게는 여러 변화가 있었다. 그 중에 성경을 보는 눈이 달라진 것이 가장 큰 변화라고 할 수 있다. 스무 살에 신학교에 들어가 30년이 지난 지금까지 수도 없이 성경을 보고 주석을 읽고 설교도 하고 많은 사람을 가르쳤다. 20년 이상 목회를 한 목회자라고 한다면 어느 정도 성경에 대해서는 자신이 있을 것이다.

　나 역시 어려서부터 성경을 좋아했고 오랫동안 목회했기 때문에 성경에 대해 어느 정도는 잘 알고 있다고 생각했었다. 그러나 영안이 열린 후 성령이 충만한 상태에서 성경을 보노라면 예전에 알지 못했던 신령한 내용들이 깨달아지는 것이었다. 지금까지 많은 설교를 들었고 많은 주석을 보았지만 한 번도 생각해보지 못한 신비한 내용들이 성경 밖으로 튀어나오는 것처럼 깨달아질 때는 감격할 수밖에 없었다. 이것은 한두 번 나타나는 현상이 아니라 열 번이면 열 번, 백 번이면 백 번 어느 때든지 나타났다.

나는 새롭게 깨달은 말씀에 감사하면서도 한편으로는 나 자신이 너무나 부끄러웠다. 지금까지 성경을 많이 보았고 원어를 보면서 많은 연구도 했었다. 원서를 보는 데는 그리 익숙하지 않기에 많은 시간이 요구되었지만 최선을 다하여 연구하려고 노력했다. 그러나 지금 와서 새롭게 말씀을 깨닫고 보니 과거에 깨달은 내용에 미흡한 부분이 상당히 많은 것이 발견되었다. 본문이 말씀하고 있는 의미를 거의 드러내지 못한 채 피상적으로 알고 설교한 부분도 한두 곳이 아니었다.

나는 주님 앞에 부끄러웠고 나의 가르침과 설교를 들은 수많은 성도들에게 미안한 마음이 들었다. 나는 양심의 가책이 너무 커 예전 성도들이 찾아와도 얼굴을 들고 만날 수가 없었다. 나는 지금까지도 전에 나에게 배웠던 사람들을 만나는 것을 힘들어한다.

돌이켜보면 성경은 성령의 감동 가운데 유력한 선지자 등 성령에 충만한 선배들이 기록한 것이다. 성경을 잘 알려 한다면 성령에 충만해야 하는 것은 자연스러운 이치다. 물론 문자적으로, 역사적으로 또한 저자의 인품과 성향에 대한 연구도 성경 해석에 있어서 중요한 요소가 될 수 있지만, 역시 성령으로 기록한 성경은 성령의 조명이 깊을수록 밝히 그 의미를 깨닫게 되는 것은 분명한 원리다.

이 사실을 성경 연구가나 목회자들이 모를 리 없지만 성령 충만의 깊이가 어디까지인지를 인지하거나 측정할 수 없기 때문에 깊은 수준까지 도달하기 위해 애쓰는 사람은 많지 않을 것이다. 나 역시 훌륭한 은사들에게 신학 교육을 받았고, 수준 있는 주석과 연구서들이 내 서재를 가득 채우고 있었기 때문에 성경 해석에 대해서는 두려움이 없었다.

이러한 생각은 영안이 열린 후로 한순간에 깨어져나갔다. 호박을 땅바닥에 내리쳐 박살을 내듯이 내가 지금까지 알고 있던 신학 지식과 성경에 대한 이해가 부서져나갔다. 그렇다고 그것이 지금까지 알고 있던 모든 것을 부정한다는 의미는 아니다. 나름대로 성경의 뜻을 드러낸다고 했지만 너무나 피상적이고, 어떤 것은 정반대의 의미로 알고 있던 것도 있었다.

성경은 하나님의 말씀이며 온전하고 아무 문제가 없는데 성경을 해석하는 사람들이 지나치게 이성적이며 합리적으로 보았다는 정황이 드러났다. 영적으로 보신 분들도 많이 있지만 누구나 한계를 드러내고 있었다. 나는 이 일을 어떻게 할까 고민하기 시작했다.

오랜 생각 끝에 나는 결론을 내렸다. 첫째, 내가 가지고 있던 편파적인 신학적 지식을 당분간 내려놓고 기억하지 말자. 둘째, 내가 지금까지 참고했던 많은 연구서들도 기초를 닦은 것으로만 생각하자. 셋째, 성경은 성경이 말씀하시도록 하고 나는 겸손하게 그 말씀을 듣자. 내가 성경을 연구하는 것이 아니라 그 말씀이 나에게 말씀하실 것으로 믿고 조용히 말씀을 듣자.

나는 이러한 결정을 내리고 성경을 보기 시작하였다. 성경을 볼 때마다 나는 감격하였다. 지금까지 오랜 시간 성경을 보아왔지만 새로운 영적 사실들이 내 눈앞에 나타나기 시작했다. 나는 성경을 보고만 있어도 성경이 기록될 당시의 상황이 마음에 느껴졌고, 하나님이 무슨 뜻으로 그 말씀을 하셨는지 깨달아지게 되었다. 나 자신도 너무나 놀라 그저 신기할 따름이었다.

나는 어려서부터 지금까지 수도 없이 설교를 듣고 설교를 하였지만 지금 내가 발견하는 의미는 알지 못했었다. 이러한 은혜는 나 혼자만의 감격이 아니었다. 내가 새롭게 깨달은 말씀에 대해 설교를 할 때마다 많은 목회자와 성도들이 영적인 감동을 받았다. 설교학적인 측면으로 보면 나의 설교에 여러 문제점들이 있을지는 몰라도 성경의 의미를 드러내는 것에는 거의 모두가 인정하고 기쁨으로 받아들였다. 성경이 말씀하고자 하는 의미가 너무 쉽게 간파되었기에 설교를 준비하기 위한 시간이 많이 필요 없었고, 언제 무슨 설교를 해도 성경이 스스로 말씀하셨다.

　나는 창세기부터 성경을 다시 보기 시작하였다. 예수님에 대한 기록이 담겨 있는 사복음서를 다시 연구하고 설교하였다. 또한 성경에 나오는 인물 약 200여 명을 한 사람 한 사람 다시 연구하기 시작하였다. 나는 성경을 보면서 그렇게 재미있을 수가 없었다. 시간이 지나면서 많은 목회자들이 성경을 가르쳐달라고 요청하였다. 나는 내가 새롭게 연구하는 방법을 라이브성경연구라고 이름 지었다. 그 이유는 성경이 살아서 나에게 직접 말씀하시듯 생생하게 드러나기 때문이었다. 나는 세미나를 열고 연구한 내용들을 발표하였고, 깊이 성경을 보고자 하는 목회자들에게 도움을 주었다. 이렇게 지금까지 10차에 걸쳐 심도 있게 성경을 연구하고 세미나를 열었다.

　앞으로도 계속 성경을 강해할 것인데, 그 기초에는 기존에 나와 있는 수많은 서적들이 도움을 줄 것이지만 성령께서 더 깊이 말씀하실 것이다.

25장 | 많은 영적 진단 방법을 개발하다

　영안이 열리고나서는 성도들을 돕는 수많은 진단 방법이 만들어졌다. 성도들을 보고 있노라면 여러 다양한 현상들이 보이며 그의 영적 상태가 보였다. 그리고 하나하나 주님께서 가르쳐주셨다. 나는 이 방법을 훈련생들과 제자들에게 지도하였는데, 거의 대부분 영안이 열려 영적 진단을 할 수 있었다. 나는 이 시대에 이런 영적 엘리트들이 나타나는 것에 대해 정말 감사한다.

1. 천국길 보기
　그 사람이 과연 천국을 향하여 잘 가고 있는지를 보았다. 또한 하나님의 축복은 무엇이며 어떤 악한 영이 훼방하는지를 보았다. 존 번연의 「천로역정」이 생각나는 사역이다.

2. 부부관계 보기

　부부들이 서로 어떤 관계에 있는지를 보는 것이다. 이 사역을 통해 서로 얼마나 사랑하는지, 사랑의 기대치는 어느 정도인지를 보게 된다. 또한 사랑의 균형은 잘 이루어져 있는지, 불균형한 문제가 있다면 그 원인은 무엇인지를 보게 된다.

3. 하나님과 나 사이의 관계 보기

　하나님이 나를 얼마나 사랑하시고 나는 하나님을 얼마나 사랑하는지를 본다. 또한 얼마나 기도하는지, 물질생활은 잘하고 있는지, 하나님의 기대치만큼 충성하는지를 분석하는 사역이다.

4. 영성의 색깔

　천국은 아름다운 색으로 되어 있다. 그런데 각자에게 주신 은사도 색깔이 있는 것이 보였다. 청색은 영성, 적색은 경건, 황색은 능력을 나타내는 것으로 보인다. 각자에게 어떤 은사가 들어와 있으며 그 성격은 어떤 것인지를 보는 것이다. 모든 색깔이 무지개 색으로 되어 있다면 균형 잡힌 최상의 조건이 된다.

5. 교회에서 자신의 위치

　성도는 교회이며 또한 교회의 지체다. 그러므로 성도 한 사람 한 사람이 귀하다. 현재 그 성도는 교회에서 어떤 지체로서 일하고 있는지, 그리고 그 사역을 잘 감당하고 있는지를 보게 된다.

6. 천국집 보기

　천국집은 입신을 한 사람이나 죽었다가 살아난 사람들이 말해준다. 가끔 죽지 않고서도 영안이 깊이 열린다면 알 수도 있다. 그가 과연 천국에 집을 얼마만큼 지었는지, 그 집의 규모가 어떤지를 가르쳐주는 사역이다. 구원을 받더라도 주님은 행한 대로 갚아주시기 때문에 각자에게 주시는 보상이 다 다르다.

7. 사명 보기

사람은 누구나 사명을 가지고 이 땅에 태어난다. 그리고 알게 모르게 그 길을 가고 있지만 자신이 어떤 사명을 받았는지 모르는 사람도 있다. 그 사명을 주님께서 가르쳐주시는 사역이다.

8. 생명샘 보기

사람에게 성령의 은혜가 역사하는데 주로 머리 윗부분과 아랫배가 가장 많이 역사하는 통로가 된다. 특히 아랫배를 생명샘이라고 하는데 이곳에 생수가 넘쳐야 심령이 기쁘고 건강도 넘친다. 그 상태를 진단하고 혹시 어떤 영이 방해하는지를 본다.

9. 영적 수준 보기

각 사람은 주님이 계신 보좌 앞으로 가까이 나아가야 한다. 현재 그는 어느 단계까지 와 있고, 그 단계에서 어떤 상태에 있는지를 보는 것이다. 10단계라고 할 때 대부분은 중간 단계에 머물러 있었다. 우리나라 최고의 영성가들은 7~8단계 정도에 있는 것으로 보였다. 더 앞으로 나아가기 위해 노력하는 사람, 만족하고 누워 있는 사람, 현재가 즐거워 재미있게 사는 사람 등 다양하게 보인다.

10. 십자가가 무엇인가

사람마다 원하든 원하지 않든 지고 가야 할 짐이 있는데 그것을 십자가로 표현했다. 부모, 자녀, 사명, 재물, 건강, 친구 등을 놓고 볼 때 다양한 상태를 주님이 가르쳐주시기에 확신 있게 십자가를 지고가면 된다.

나는 영안이 열리고 악한 세력을 내보내는 것뿐 아니라 이렇게 성도 한 사람을 그리스도 안에서 온전히 세우기 위한 진단 방법을 주님이 알게 하셨다. 그동안 연구된 진단 방법이 150가지가 넘는데 성령께서는 우리 한 사람 한 사람을 모든 면에서 적나라하게 알고 계셨다.

26장 영성가를 만나다

나는 이 세상에 하나님과 가까이 지내는 분들이 많이 있다는 것을 여러 경로를 통해 알았기 때문에 그분들을 만나 인사드리고 싶었다. 은성수도원의 설립자이시고 많은 영적인 책을 저술하신 엄두섭 목사님, 가평의 인 목사님, 챨스 크레프트에게서 배운 제자 이윤호 목사님, 그 외 영적 집회가 있을 때마다 시간을 내어 참석하였다. 어떤 때는 전화로도 인사하고 대화를 나누었다.

나는 더 배워야 했다. 이왕이면 영적 세계에 대해 뿌리째 알고 싶었다. 우리나라와 세계에 있는 훌륭한 스승들과, 그 영향을 받은 제자들이 누구인지도 조금씩 알아갔다. 어떤 영적인 은사가 있으면 반드시 영향을 주었던 스승이 있었다. 이 세상은 좁기 때문에 조금만 살펴보면 믿을 만한 정보가 있기 마련이다.

내가 그분들을 방문하여 인사드릴 때도 있었고, 존경하는 영성가나 은사자를 우리 집회에 모시고 은혜를 나누기도 하였다.

김호식 박사를 통해서는 천사와 악령에 대한 이론을 배웠다. 〈그리스도 복음신보〉의 발행인인 박상태 목사님을 통해서는 경건생활을 배웠다. 론 사카 목사님을 모시고 예언 사역이란 무엇인가에 대해 이론과 실제를 접하였다.

나는 어려서부터 지금까지 정말 많은 영적 스승을 두었다. 오늘날 내가 영성가와 치유 사역자가 된 것은 나보다 먼저 주님을 깊이 아신 분들 덕분이라고 생각한다. 나는 어느 한 분으로부터 집중적으로 영향을 받지는 않았지만 한 분 한 분의 장점을 배워나갔다.

어느 정도 실력을 쌓은 후 자기 성을 쌓아 그 안에 안주하는 것은 더 큰 성장을 방해하는 어리석은 일이다. 나는 주님 오시는 그날까지 훌륭하신 영적 사역자를 만나고 교제하며 살기를 소원한다.

27장 | 책을 쓰다

훈련생이 책을 쓰다

김동욱 선교사님은 회개하기 위해 센터에 와 생활 진단에 나타난 여러 죄들을 회개하던 중 깊은 회개로 들어갔다. 그는 3주 동안 강대상 앞에서 매일같이 울었다. 그리고 그 회개한 내용을 책으로 엮은 「하늘기도」를 저술하였다. 이 책은 회개를 하는 사람들에게 많은 호응을 얻고 있다. 내가 이 책에 추천사를 쓴 것이 감사하다.

또한 김광욱 목사님은 「참 회개기도문」이라는 책을 집필해 많은 사람에게 보급하고 있는데, 이 책은 우상 숭배와 자범죄를 회개하는 데 유용하다. 휴대하기 편해서 많은 사람들이 애용하고 있다.

내가 책을 쓰다

1. 「내 양을 치유하라」

그동안 수천 명의 성도들을 사역하면서 그들이 악한 영으로 인해 고통

당하는 것을 보며 가슴이 너무 아팠다. 교회는 성도들 속에 이처럼 많은 영이 있다는 사실을 가르치지 않았고, 성도들은 자기 속에 악한 영이 집을 짓고 자리를 잡아 산다는 것을 대부분 몰랐다. 그러므로 세력으로 인해 병에 걸리고 여러 문제를 만난 것인데 그것을 단순하게 시험이나 시련이라고 생각하였다. 내가 사역했던 사람들 가운데 37명에게서 나타난 현상과 세력이 들어온 이유를 분석하여 기록하고 책으로 출간했다.

이 책은 몇 년 앞당겨 낼 수도 있었지만 더 분명한 확증을 가질 수 있는 시간이 필요했다. 또한 영적 현상을 믿지 못하는 사람들의 반발과 비난에 어떻게 대처할 것인가도 생각할 시간이 필요했다. 영안이 열려 사역을 시작한 지 무려 7년이 된 시점에서 더 이상 미룰 수 없어 세상에 소개하게 되었다.

2.「예수 그리스도와 사역들」

성경을 더 깊이 알고 싶은 마음은 신실한 목회자나 성도라면 다 있을 것이다. 이왕이면 주님의 사역을 더 정확히 분석하고 깨닫는 데 도움이 되기를 바라는 마음으로 이 책을 먼저 내놓았다. 그 내용은 주님과 관계된 성경 본문을 깊이 살피고 주님이 행하신 사역의 영적 배경과 의미를 연구했다. 지금까지 문자적, 역사적, 문화적인 측면에 초점을 맞춘 해석이 주류를 이루었다면 거기에 생생한 영적인 의미를 추가하였다. 또한 52주제를 정하여 한 주에 한 가지씩 강해할 수 있도록 엮었다.

3.「성경적 영성」

'영성이란 무엇인가.' 이것은 수많은 성도들, 특히 영적인 것을 사모하는 사람들이 하는 질문이다. 나는 이 책에서 하늘나라에서 이 땅으로 보내지는 영혼부터 시작하여 부르심이 무엇인지를 살폈다. 또한 진정한 회개가 무엇이고 우리는 무슨 죄를 얼마만큼 지었는지를 살폈다.

'능력이 나타남' 부분에서는 구약 시대부터 신약 시대, 교회사 시대를 거쳐 오늘날 영성가 혹은 은사자들에게 나타난 은사에 대해 서술하였다. 사탄과의 싸움은 특히 중요하다. 영안이 열린 사람은 사탄의 정체를 볼 수 있는데, 어떻게 그 싸움에서 승리할 수 있는지 영적 전투의 방법을 세밀하게 썼다. 그리고 천국에 갈 때까지 주님과 동행하다가 결국 천국에서 주님께 칭찬을 들으며 영원히 사는 것까지 인간의 영적인 부분을 전 생애에 걸쳐 다루었다.

마음으로는 이것이 영성에 대한 교과서로 쓰이기를 바라며 썼다. 이 책에 기록된 많은 내용은 아마 다른 책에서는 쉽게 발견할 수 없을 것이다. 물론 해 아래 새것이 없지만 과거의 사람들이 미처 글로 옮기지 못한 것들도 있을 것이고, 이 시대에 주님께서 특별히 내리시는 은혜도 있을 것이다.

4. 앞으로 쓸 책에 대해

나는 네 번째 책인 「영의 눈이 열리다」 이후 다음 책을 준비하고 있다.

다섯 번째 책은 「목자 잃은 양 떼」를 쓸 예정인데 성도들이 목자를 잃고 사탄에게 어떻게 고통당하는지를 쓰려 한다. 또한 치유할 때 전개되는 구체적인 사역 내용을 소개하려고 한다. 첫 번째 책인 「내 양을 치유하라」에 이은 두 번째 성격이 강하다.

여섯 번째 책은 앞에서 말한 150가지 영성 훈련 방법을 교재로 내고 싶다. 이런 내용은 그동안 많이 찾았지만 발견하지 못하여 내가 직접 쓰려고 한다.

일곱 번째 책은 사람 몸에 있는 세력들의 다양한 모습을 그림으로 표현하여 알리고 싶다. 사람 몸속에 있는 세력의 분포를 적나라하게 알 수 있을 것으로 기대한다.

   여덟 번째 책은 라이브성경을 연구한 연구물을 책으로 내려고 한다. 200여 명의 성경 인물을 연구한 것으로 성경이 새롭게 보일 것이다.

28장 실로암 하우스를 설립하다

소규모 제자 훈련을 하다

실로암 치유 센터를 통해 회개하고 영안이 열린 사람들은 거의 대부분 목회자들인데, 자연스럽게 그들의 자녀들도 함께 와서 회개하고 영안이 열렸다. 목회자 자녀들은 부모들에 비해 여러 가지 장점이 있었다. 먼저 부모가 하는 회개를 그대로 따라가기만 하면 되었다. 또한 부모가 회개했기에 부모로부터 전이된 영들이 쉽게 처리되었다.

무엇보다 아직 어리기 때문에 많은 죄를 짓지 않았고, 죄를 지었을 때 들어온 세력이 몸 안에 있더라도 깊게 스며들거나 늘어붙어 있는 상태가 아니어서 더 쉽게 사역을 할 수 있다. 뿐만 아니라 센터에서 지도하는 대로 별 의심 없이 회개하고 훈련도 잘 받았으며, 영적 현상에 대해서도 잘 받아들였다. 자연히 영안도 잘 열렸다. 나와 아내는 목회자 자녀들을 특별히 훈련시켜야겠다고 마음먹었다. 그래서 평상시도 물론이지만 방학 때 집중적으로 다양한 훈련을 하였다. 지방에 거주하는 학생들은 아예 몇 주일씩 시간을 내어 센터에 와서 머물렀다. 그렇게 집중적으로 훈련을 했는데 그 성과가 컸다.

회개와 영성 훈련을 하다

회개와 훈련을 통해 영안이 열리면 더 깊은 단계로 들어가기 위한 훈련을 시도하였다. 약 두 달 정도 훈련하는 것이 좋게 여겨졌다. 대부분이 목회자였기 때문에 자신들의 교회 사역이 있었다. 때문에 많은 시간을 훈련에만 집중할 수 없었다. 주로 한 달간 회개를 하였고, 영적 접목을 한 후에는 다시 한 달간 훈련을 하였다.

강의도 하고 영적 진단을 위한 훈련과 축귀 사역에 대해 훈련하였다. 이 두 달이라는 기간은 어찌 보면 영적 사역자로서 입문한 단계라고 볼 수 있지만 그 정도로 만족하는 목회자가 상당수이다.

실로암 하우스를 설립하다

영성 훈련을 받은 사람들 가운데 더 깊은 영적 지식과 영성 훈련을 받고 싶어 하는 사람들이 늘어났다. 한 단계 더 높은 과정이 필요하게 되었다. 그 필요 때문에 실로암 하우스가 설립되었다.

실로암 하우스의 설립 목표는 다음과 같다.

현재 한국 교회는 성경적 교회라고 말하기 부끄러운 부분이 많이 있고, 이 일에 일정 부분 우리의 책임도 있음을 통감한다.

1. 성경을 해석함에 있어 영적인 부분은 약해지고 이성적으로 해석하고 연구하고 있다. 우리는 성령의 도움을 받아 성경을 바로 해석해야 한다.

2. 한 영혼이라도 바로 세워 주님 앞에 보내려 하기보다 교세를 확장하는 데 주안점을 두고 목회를 하는 경우가 많다. 우리는 한 영혼이라도 바르게 세워나가는 데 힘쓴다.

3. 거룩한 성도를 만들어가야 하는데 간신히 구원받을 수준의 성도들을 양산하는 모습이다. 우리는 날마다 죄를 회개하여 깨끗한 성도를 만들어가는 데 힘을 다한다.

4. 하나님의 나라는 이 땅에서 현재 이루어지고 있지만 결국 저 하늘에서 완성되는 것인데 이 땅에 성을 쌓고 있다. 우리는 하늘을 바라보고 살기 위해 힘쓴다.

5. 악한 영이 성도들 속에 들어가 병을 일으키고 성도로서 축복된 삶을 누리지 못하게 훼방하고 있는데 이 일에 너무 무감각하다. 우리는 죄를 회개하며 영적 전투에서 승리하기 위해 힘을 다한다.

이 시대는 영성의 시대임에도 많은 교회들이 안일주의에 머물러 있고, 하늘을 보지 않고 이 땅을 보고 있는 경우가 많다. 실로암 하우스는 영적 부흥 운동을 일으키는 기관이 되기를 소망한다. 이 운동은 케직 운동이나 라브리 같은, 아니 그 이상의 수준을 목표로 나아가고 싶다.

실로암 하우스의 강의 내용은 구약성경과 신약성경을 영적으로 해석하여 지도하고, 조식신학과 교회사도 영적인 눈으로 보려고 한다.

영적 답사를 하면서 실제로 악한 영의 정체를 알게 하고 영적 전투도 한다. 그리고 정말 성경적으로 바른 영성이 무엇인지 이론과 실제를 겸하여 탐구하도록 돕는다.

　강의를 맡은 목사님들은 이곳에서 영안이 열리고 훈련을 받은 분들이다. 또한 대학과 신학대학원에서 탄탄한 신학 공부를 하신 분들이다. 그분들은 수많은 영적 도서들을 탐독하였기 때문에 이론과 실제에 균형이 잡혀 있다.